Student Activities Manual

by Patricia Bolaños

Identidades

Exploraciones e interconexiones

Second Edition

Judith E. Liskin-Gasparro
University of Iowa

Paloma Lapuerta
Central Connecticut State University

Elizabeth Guzmán
University of Iowa

**Matilde Olivella de Castells
(Late)**

PEARSON

Prentice
Hall

Upper Saddle River, NJ 07458

Acquisitions Editor: Donna Binkowski
Editorial Assistant: Gayle Unhjem
Senior Marketing Manager: Denise Miller
Marketing Coordinator: Bill Bliss
Director of Editorial Development: Julia Caballero
Senior Managing Editor (Production): Mary Rottino
Associate Managing Editor (Production): Janice Stangel
Development Editor for Assessment: Melissa Marolla Brown
Composition/Full-Service Project Management: Michael Ryder, ICC Macmillan Inc.
Media/Supplements Editor: Meriel Martinez
Editorial Coordinator/Assistant Developmental Editor: Jennifer Murphy
Senior Media Editor: Samantha Alducin
Production Liaison: Janice Stangel
Senior Operations Supervisor: Brian Mackey

Operations Specialist: Cathleen Petersen
Senior Art Director: Pat Smythe
Art Director: Miguel Ortiz
Interior and Cover Design: Lisa Delgado, Delgado and Company, Inc.
Art Manager: Gail Cocker-Bogusz
Illustrator: Peter Bull/Mari Isabel Rodriguez Martin
Manager, Rights and Permissions: Zina Arabia
Manager, Visual Research: Beth Brenzel
Manager, Cover Visual Research & Permissions: Karen Sanatar
Image Permission Coordinator: Fran Toepfer
Photo Researcher: Diane Austin
Publisher: Phil Miller
Printer Binder: Bind Rite
Cover Printer: Bind Rite

Pearson Education Ltd., London
Pearson Education Singapore, Pte. Ltd
Pearson Education, Canada, Inc.
Pearson Education–Japan

Pearson Education Australia PTY, Limited
Pearson Education North Asia Ltd
Pearson Educación de Mexico, S.A. de C.V.
Pearson Education Malaysia, Pte. Ltd

10 9 8 7 6 5 4 3 2 1

ISBN-10   0-13-513622-9
ISBN-13 978-0-13-513622-5

CONTENTS

The *Identidades Student Activities Manual* has been created to accompany and supplement the *Identidades* textbook. It is designed to strengthen students' vocabulary, reading, listening, and writing skills in Spanish by providing a variety of exercises that are directly related to the themes and cultural issues developed in the textbook.

Each chapter of the *Identidades Student Activities Manual* contains three sections, which parallel those found in the textbook: *Primera sección*, *Segunda sección*, and *Ampliemos e investiguemos*. The exercises in these sections help students practice the vocabulary, structures, themes, and cultural content presented in the textbook. These activities range from discrete to open-ended formats and are often linked to realia pieces, listening exercises, or cultural information and references. The content of the manual is distributed in the following way:

Primera sección

Preparación—reinforces textbook vocabulary through a range of exercises.

Lectura—applies reading strategies presented in the textbook to an authentic reading.

Aclaración y expansion—practices the grammar concepts introduced in the textbook through a variety of exercises.

Ventanas al mundo hispano—expands listening comprehension skills based on culture-based video segments.

Segunda sección

Preparación—reinforces textbook vocabulary through various exercises.

Lectura—applies reading strategies presented in the textbook to an authentic reading.

Aclaración y expansion—practices the grammar concepts introduced in the textbook through a range of exercises.

Algo más—reinforces understanding of an additional grammar component.

Ampliemos e investiguemos

A escribir—provides guidance and topics for written exercises.

A explorar—presents guidelines for structured Internet-based research activities.

1

¿Quiénes somos y de dónde venimos?

PRIMERA PARTE

A leer

Preparación

1-1 El contacto de culturas. El siguiente texto describe la población estadounidense hoy en día. Complete el texto con las palabras de la lista. Las paráfrasis y los sinónimos que están entre paréntesis le serán útiles.

antecedentes	diversidad	herencia	huellas
costumbres	frontera	heterogénea	valores

La población estadounidense de hoy en día está compuesta de una variedad de personas cuyas

(1) _____ (prácticas, hábitos), lenguas y tradiciones difieren. Al cruzar la

(2) _____ (límite político de una nación) y entrar a Estados Unidos, los nuevos inmigrantes

traen consigo los (3) _____ (razones o ideas fundamentales) que, en combinación con sus

(4) _____ (origenes, procedencias), contribuyen a la (5) _____ (variedad)

cultural nacional. Las (6) _____ (señas, rastros) de cada grupo se manifiestan en la variedad

de establecimientos, organizaciones y periódicos que ahora están a la disposición del público en general,

especialmente en las grandes ciudades. La composición (7) _____ (compuesta de partes de

diversa naturaleza) de Estados Unidos es la (8) _____ (ideas o cosas transmisibles de una

generación a otra) histórica que van a dejar los hispanos y otros grupos a las nuevas generaciones de

estadounidenses.

1-2 Más vocabulario. Primera fase. Relacione los verbos con el significado más apropiado.

1. _____ comparar
2. _____ compartir
3. _____ conquistar
4. _____ destacar
5. _____ encontrar
6. _____ escoger
7. _____ explicar
8. _____ intercambiar
9. _____ mantener
10. _____ vislumbrar

a. invadir, dominar
b. seleccionar
c. cambiar entre sí
d. localizar
e. descubrir semejanzas o diferencias
f. conservar
g. acentuar
h. ver
i. distribuir
j. aclarar

Segunda fase. Ahora use la forma correcta de algunos de los verbos de la primera columna para completar el siguiente párrafo.

Cuando los españoles (1) _____ (tomar control) la tierra y la gente del Nuevo Mundo,

lanzan una serie de grandes cambios cuyos resultados eran difíciles de predecir, pero que ahora

(2) _____ (justificar) la naturaleza de varias poblaciones americanas. El idioma, la religión y

las costumbres que llegan desde España se (3) _____ (hallar) hoy en la vida diaria de los

hispanos en Latinoamérica como en Estados Unidos. Podemos (4) _____ (elegir) lugares

como Miami, Nueva York, Chicago o Los Ángeles y (5) _____ (observar) que en estas

ciudades y en muchas otras a lo largo de Estados Unidos los vestigios (*remains*) de la conquista española se

(6) _____ (continuar) vivos gracias a la vitalidad de la comunidad hispana. La creciente

proporción de hispanos en Estados Unidos (7) _____ (subrayar) el éxito de este grupo en

integrarse y adaptarse a los nuevos tiempos además de (8) _____ (repartir) con el resto de la

población su herencia cultural.

1-3 Antónimos. Primera fase. Asocie cada palabra o expresión con su antónimo o significado opuesto.

1. _____ al alcance
2. _____ antes
3. _____ estridente
4. _____ heterogéneo
5. _____ perdedor
6. _____ saludable
7. _____ semejanza
8. _____ sin duda

a. malsano
b. armonioso
c. ganador
d. dudoso
e. lejos
f. después
g. homogéneo
h. diferencia

Segunda fase. Ahora seleccione las palabras que mejor completan el siguiente párrafo.

La rica diversidad racial y cultural es una de las características que hacen a algunas comunidades un lugar tan (1) (malsano / saludable / antes) donde criar una familia y trabajar. Muchas personas, (2) (confusamente / estridente / sin duda), escogen ciertas ciudades o vecindades porque les permite tener (3) (lejos / heterogéneo / al alcance) un ambiente que valora y respeta tanto la (4) (semejanza / diferencia / sin duda) como el contraste entre grupos étnicos. Aunque (5) (perdedor / antes / después) existían argumentos (6) (estridentes / heterogéneos / armoniosos) en contra de la integración de distintos grupos étnicos, esta postura ha resultado ser la (7) (perdedora / victoriosa / pérdida) y se aboga hoy por comunidades más (8) (estridentes / heterogéneas / diferencias). Ahora se valoran las diferencias y se encuentra más tolerancia.

1-4 En su estado. Ahora piense en los diversos grupos que hay en su región. ¿Cómo caracteriza usted el encuentro entre las diferentes culturas? ¿En qué cosas, eventos o costumbres se manifiesta la existencia de más de una cultura en su región? En su opinión, ¿hay beneficios o desventajas en el encuentro entre las culturas? ¿Cuáles son?

_____

_____

_____

_____

_____

Lectura

1-5 Infórmese sobre el tema. Para su clase de español, usted tiene que investigar la presencia de los hispanos en Estados Unidos. Usted va a la biblioteca y encuentra los siguientes títulos de artículos. Seleccione aquellos que le puedan servir para su investigación.

- ❑ El mes de la herencia hispana
- ❑ Las actividades filantrópicas en Nueva York y Los Ángeles
- ❑ Estados Unidos se hispaniza… por un tiempo
- ❑ La importancia del Día de los Muertos en México
- ❑ El sistema de control de las fronteras
- ❑ Las creencias religiosas de los indígenas
- ❑ Hispanos en Estados Unidos: muchos y diversos
- ❑ Hispanos nacidos en el extranjero que viven en Estados Unidos

1-6 Más sobre el tema. ¿Qué sabe usted del censo? ¿Sabe cómo obtienen los datos? ¿Por qué es importante la información del censo? ¿Con qué frecuencia se recopilan estos datos? Escriba sus respuestas.

_____

_____

_____

_____

1-7 Examine el texto. Examine el título y el material gráfico que lo acompaña, y luego complete las frases con la información adecuada.

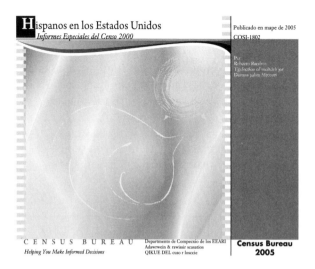

1. Este informe va a hablar de _____.

2. La información viene de _____ (organización).

Aclaración y expansión

1-8 ¿Ser o estar? Complete las siguientes oraciones con la forma correcta del verbo **ser** o **estar** en el presente.

1. Un/a autodidacta _____ una persona que aprende algo por sí sola.

2. Las huellas de la cultura hispana en Estados Unidos _____ en el uso del español y el *espanglish* en algunas zonas del país.

3. Los inmigrantes _____ contentos de llegar a un lugar donde valoran su cultura.

4. La población hispana más grande de Estados Unidos _____ de México.

5. Muchos inmigrantes hispanos tienen niveles de educación muy variados; algunos _____ médicos, científicos, o profesores y otros tienen profesiones que necesitan mucho talento, pero menos educación formal.

6. Las costumbres _____ los hábitos y las tradiciones de un pueblo.

7. Algunas personas _____ sorprendidas del crecimiento de la población hispana en Estados Unidos.

8. Haití y la República Dominicana _____ los países que hay en la isla de La Española.

9. Nueva York, Miami y Los Ángeles _____ centros de alta concentración de hispanos.

10. Los hispanos _____ una fuerza política y económica importante en el país.

1-9 El uso de los verbos. Ahora, mire nuevamente las oraciones que completó arriba en el ejercicio **1-8** e indique qué expresan. Seleccione el uso de las opciones de abajo.

1. a. identificación o definición   **b.** tiempo   **c.** origen

2. a. profesión   **b.** lugar   **c.** material

3. a. acción en progreso   **b.** lugar de evento   **c.** emoción

4. a. origen   **b.** posesión   **c.** tiempo

5. a. lugar de evento   **b.** estado de salud   **c.** profesión

6. a. tiempo   **b.** identificación o definición   **c.** lugar

7. a. emoción   **b.** lugar   **c.** estado de salud

8. a. origen   **b.** tiempo   **c.** posesión

9. a. identificación o definición   **b.** profesión   **c.** emoción

10. a. lugar de evento   **b.** origen   **c.** identificación o definición

1-10 Más sobre *ser* y *estar*. Fíjese en el uso de **ser** o **estar** en las siguientes oraciones e seleccione la respuesta que corresponde.

1. Los hispanos de origen mexicano **están** al suroeste de Estados Unidos.

   a. estado de salud   **b.** localización   **c.** emoción   **d.** acción en progreso

2. Los *nuyoricans* **son** de origen puertorriqueño.

   a. nacionalidad   **b.** emoción   **c.** acción en progreso **d.** tiempo

3. La población hispana **está** creciendo todos los años.

   a. tiempo   **b.** identificación o definición **c.** localización   **d.** acción en progreso

4. La reunión de la Asociación de Hispanos de California **es** en el auditorio del hotel.

   a. acción en progreso **b.** lugar de evento   **c.** emoción   **d.** tiempo

5. Los hispanos tienen una dieta sana y por eso **están** bien de salud.

   a. emoción   **b.** localización   **c.** estado de salud   **d.** posesión

6. Las decoraciones que hacen algunos hispanos para sus fiestas **son** de papel.

   a. lugar de evento   **b.** origen   **c.** material   **d.** identificación o definición

1-11 En sus propias palabras. Imagínese que usted es un/a antropólogo/a y tiene que describir a uno de los grupos indígenas precolombinos. Seleccione entre los aztecas, incas, mayas u otro grupo indígena. Diga todo lo que sepa sobre ellos, pero asegúrese de hablar claramente. Indique lo siguiente:

- su origen
- el lugar donde vivían (cerca o lejos de montañas o cuerpo de agua)
- algunas características del grupo (violento, cooperativo, tranquilo, etc.)
- algunos productos que usaban para producir instrumentos, viviendas o ropa
- las profesiones que existían en el grupo

1-12 ¿A qué se debe...? Examine los usos del verbo **estar** en cada frase y escoja la causa más lógica de las siguientes situaciones.

1. Los conquistadores que llegan al Nuevo Mundo **están** asombrados ante lo que ven.

   a. Los indígenas tienen problemas de trabajo.
   b. Todo es muy similar a lo que hay en Europa.
   c. Hay construcciones monumentales y fantásticas obras de arte.

2. Cuando Cristóbal Colón habla de su plan de ir a la India por el oeste, muchos creen que **está** loco.

   a. Nadie cree que el mundo es redondo.

   b. Su plan es una idea muy tradicional.

   c. Es un hombre interesado en los tesoros de los indígenas americanos.

3. Los aztecas **están** muy nerviosos al ver a los españoles llegar a caballo.

   a. Piensan que los caballos van a consumir toda su comida.

   b. Son alérgicos a los caballos.

   c. Creen que el jinete (*rider*) y el caballo, juntos, son un ser divino.

4. Los incas **están** de rodillas ante el templo.

   a. Están enfermos y no pueden caminar.

   b. No son muy religiosos.

   c. Están demostrando reverencia a sus dioses.

5. Los conquistadores **están** interesados en iniciar la conquista del Nuevo Mundo.

   a. Quieren encontrar mejor clima y un ambiente cultural distinto.

   b. Quieren promover su fe entre los indígenas, adquirir fama y acumular fortuna.

   c. Quieren descubrir una flora y fauna más exótica.

1-13 El Nuevo Mundo. Complete la siguiente descripción con la forma correcta de los verbos **ser** o **estar** en el presente.

Una gran parte de las civilizaciones que se desarrollan en el continente americano (1) _____

separada entre sí; sus relaciones e intercambio (2) _____ pocos. En algunas regiones nacen

grandes culturas, mientras que en regiones que (3) _____ aisladas existen culturas más

primitivas.

La América precolombina no (4) _____ un mundo de paz. La guerra

(5) _____ fundamental en la vida de algunos pueblos. Los conflictos

(6) _____ a veces feroces porque pueden causar el exterminio de un pueblo enemigo.

Cuando empieza la conquista, la economía de las comunidades indígenas (7) _____ en

diferentes estados de desarrollo. En varias regiones los indígenas dependen de la agricultura. En las altiplanicies de

las cordilleras, el cultivo principal (8) _____ el maíz, mientras que en las islas del Caribe y en las

cuencas del río Orinoco, en el Amazonas y en el Río de la Plata, la mandioca constituye el alimento más importante.

El primer contacto de los españoles con los indígenas americanos (9) _____ con los taínos

en las islas del Mar Caribe. Los taínos impresionan favorablemente a los españoles; según Colón, los taínos

(10) _____ gente de buena figura; (11) _____ agricultores pacíficos,

generosos y bastante temerosos. En sus cartas, Colón dice que los taínos (12) _____

personas llenas de amor y sin codicia (ambición material). También afirma: "En el mundo creo que no hay mejor

gente ni mejor tierra: ellos aman a sus prójimos como a sí mismos, y tienen un habla la más dulce del mundo,

mansa, y siempre con risa".

1-14 Una fiesta española famosa. Usted encuentra una tarjeta postal que olvidó mandar a su profesora de español. Allí usted describe la fiesta más reciente a la que asistió con su familia. Complete su carta con la forma correcta de **ser** o **estar** en el presente.

Querida Srta. Aguilar:

Las fiestas de San Fermín (1) _____ en Pamplona, la capital de la provincia de

Navarra. El festival de San Fermín (2) _____ todos los años del 7 al 14 de julio.

Nuestra familia (3) _____ de vacaciones durante ese mes y estamos pensando

ir a Pamplona. En estos momentos, varios turistas quieren ir a las fiestas de San Fermín, por eso

(4) _____ en el tren que se dirige a Pamplona. Después de llegar a Pamplona

muchas personas (5) _____ emocionadas por todo el entusiasmo que

ven allí. El encierro mismo (acto de llevar a los toros por la ciudad antes de una corrida)

(6) _____ un acto peligroso que requiere mucha agilidad y velocidad de los

participantes. Las personas que participan en un encierro tienen que tratar de evadir a los toros que

(7) _____ corriendo hacia ellos. Muchas personas nunca considerarían

participar en un encierro, pero hay algunas a quienes les gusta el riesgo (*risk*) y veo que

(8) _____ listas para jugarse la vida en actividades como esta.

Atentamente,

Su estudiante de español

1-15 Un viaje al extranjero. Imagínese que usted acaba de volver de un país hispano donde vivió por cuatro meses con una familia hispana. Hable de su experiencia claramente y con detalle. Indique lo siguiente:

- cómo es el país
- algunas características de la gente del país (rasgos físicos y temperamento)
- cómo se sentía usted durante el viaje
- qué está haciendo el país para mejorar el nivel de vida de sus ciudadanos

1-16 En la práctica. Examine los verbos que aparecen en negrita (*boldface*) en este artículo de un autor español. Luego, seleccione el uso apropiado según el número de cada verbo.

El Día de la Hispanidad o el Día de la Raza

En España, se celebran fechas que **son**[1] importantes para el país, pero también se conmemoran días festivos que se comparten con otros. Uno de estos días es el 12 de octubre, el Día de la Hispanidad.

El 12 de octubre de 1492, después de 72 días de navegación, Cristóbal Colón llega a lo que inicialmente cree que **son**[2] las Indias, sin darse cuenta que en realidad **está**[3] en un nuevo continente. Este evento cambia el concepto que se tenía hasta entonces del mundo y también marca el contacto entre dos mundos. El Día de la Hispanidad, propuesto inicialmente en España hacia 1915, **es**[4] un día de conmemoración del primer viaje a las Américas, en el que se presta atención a la relación entre las culturas española y latinoamericana.

En Latinoamérica, en contraste con España donde este día se considera fiesta nacional y donde se celebra con desfiles militares, se conoce a esta fecha como el Día de la Raza, o el Día de la Cultura. Se marca este día de varias formas; en algunos países como en Estados Unidos es una fiesta nacional y se cierran varios locales. En otros países es un día para celebrar la diversidad étnica del lugar. En ciertos lugares también hay protestas y en otros este día pasa desapercibido. No todos **están**[5] contentos con los efectos del descubrimiento.

1. a. identificación	**b.** origen	**c.** tiempo
2. a. posesión	**b.** material	**c.** definición
3. a. acción en progreso	**b.** localización	**c.** estado de salud
4. a. profesión	**b.** identificación	**c.** lugar de un evento
5. a. estado de salud	**b.** localización	**c.** emoción

1-17 Las celebraciones en Estados Unidos. ¿Celebran algunos grupos específicos alguna fiesta en particular? ¿Sabe qué es el Cinco de Mayo? ¿De qué origen es esta fiesta? ¿De dónde son las personas que lo celebran? ¿Dónde lo celebran? ¿Cómo lo celebran? Use los verbos **ser** y **estar** en sus oraciones.

_____

_____

_____

_____

_____

Ventanas al mundo hispano

1-18 Vamos a resumir. Seleccione la afirmación que mejor resume el tema del video que acaba de ver.

1. _____ Denis e Itandehui son dos jóvenes hispanos que hablan de sus actividades, intereses y de lo que significa ser hispano en Estados Unidos.

2. _____ Denis e Itandehui hablan de sus países de origen, de las diferencias entre Colombia, México y Estados Unidos y de la necesidad de promover el estudio del español en este país.

3. _____ Denis e Itandehui trabajan en Nueva York para mejorar la situación de los hispanos y para que exista una mayor representación política de la comunidad hispana.

1-19 ¿Recuerda usted? Al comienzo de este capítulo, hemos señalado algunas características importantes de los hispanos en Estados Unidos. Seleccione la respuesta que mejor complete cada frase.

1. En Estados Unidos hay aproximadamente
   a. 5 millones de hispanos.   **b.** 20 millones de hispanos.   **c.** 40 millones de hispanos.

2. La mayor parte de los hispanos en Estados Unidos es de origen
   a. mexicano.   **b.** puertorriqueño.   **c.** centroamericano.

3. El estado que tiene más hispanos es
   a. California.   **b.** Florida.   **c.** Texas.

4. La ciudad con mayor número de hispanos en Estados Unidos es
   a. Nueva York.   **b.** Miami.   **c.** Los Ángeles.

1-20 ¿Recuerda a Denis e Itandehui? Compare a Denis e Itandehui basándose en las siguientes características.

MODELO: joven
Denis es tan joven como Itandehui.

1. trabajador/a

   _____

2. estudioso/a

   _____

3. orgulloso/a de ser hispano/a

   _____

4. interesante

   _____

5. habla español (rápido)

   _____

1-21 El español y sus beneficios. Denis e Itandehui hablan inglés y español. Escriba por lo menos un beneficio de saber español para ellos, según sus planes.

MODELO: Denis / quiere ser escritor
Denis puede escribir una novela en español y en inglés.

1. Itandehui / es estudiante de Medios de Comunicación en Hunter College

_____

2. Denis / quiere juntarse con la asociación de escritores hispanos en Estados Unidos

_____

SEGUNDA PARTE

A leer

Preparación

1-22 Asociaciones. Ponga las siguientes palabras en las categorías correspondientes.

aimara	inca	mulato
azteca	latino	quechua
hispano	mestizo	

Personas de origen heterogéneo	Personas sólo de origen indígena

1-23 Una hispana de gran éxito. Completa las frases sustituyendo las palabras dadas con las palabras apropiadas de la caja.

bienestar	honor
carrera	lanzamiento
dotes	logro
estrella	premio

Jennifer López es una de las figuras hispanas más famosas en Estados Unidos. La nominaron para el

(1) _____ (trofeo) Grammy por su (2) _____ (éxito) en la música.

Pero sus (3) _____ (talentos) no se limitan a la música; ella también tiene una

(4) _____ (profesión) como actriz. Recibió el (5) _____ (distinción) de ser

nominada también en 1997 para un Golden Globe por su actuación en la película *Selena*. JLo, como muchos la llaman, soñaba con ser una (6) _____ (persona famosa) desde que era niña. Según la revista

Forbes, ella es la hispana más rica de Hollywood y según la revista *People en Español* es la hispana de más

influencia en el país. El (7) _____ (tranquilidad) económico que disfruta JLo se debe

también al (8) _____ (début) de sus líneas de ropa que han resultado ser un éxito comercial.

Sus aptitudes artísticas y sus habilidades en el negocio hacen una combinación envidiable.

1-24 Otras celebridades hispanas. Use por lo menos cinco de las palabras del ejercicio **1-23** para escribir un párrafo en el que describe a una de las siguientes personalidades.

De la música y el cine: Eva Longoria, Salma Hayek, Penélope Cruz, Robert Rodríguez

De la moda: Narciso Rodríguez, Carolina Herrera, Óscar de la Renta

De la televisión: Cristina Saralegui, don Francisco

De la comedia: George Lopez, Carlos Mencia

_____

_____

_____

_____

1-25 La lengua de los quechuas. Primera fase. Lea esta breve información sobre la lengua quechua. Luego, escriba un párrafo sobre lo que posiblemente ocurre con los idiomas de los indígenas norteamericanos en este momento.

El quechua era el idioma del imperio de los incas y la lengua indígena principal de la zona central de los Andes. Según evidencias arqueológicas e históricas, el quechua tiene su origen en un área pequeña de la sierra al sur del Perú. Desde allí se extendió a otras zonas con las conquistas territoriales de los incas. Aunque una gran población indígena todavía habla el quechua y algunos lo usan como su única lengua, muchos lo están abandonando por el castellano, el idioma oficial de muchos otros países.

_____

_____

_____

_____

Segunda fase. Ahora piense en la colonización inglesa de Norteamérica e indique las semejanzas y las diferencias con la colonización española de Latinoamérica.

_____

_____

_____

_____

Lectura

1-26 Hispanos famosos en Estados Unidos. ¿Sabe usted quiénes son estos hispanos famosos? Asocie las personas con la información correcta.

1. _____ Pedro Martínez		**a.** Es una cantante colombiana.
2. _____ Ellen Ochoa		**b.** Es una escritora chilena.
3. _____ Shakira		**c.** Es un jugador dominicano de béisbol.
4. _____ Isabel Allende		**d.** Trabajó como astronauta de la NASA.
5. _____ Mario J. Molina		**e.** Recibió el premio Nobel de Química en 1995.

1-27 Los artistas y las obras caritativas. Lea nuevamente el artículo "Pop latino: una artista colombiana triunfa en Estados Unidos" en el libro de texto (pp. 16–17). Luego, conteste la siguiente pregunta.

Por medio de su fundación Pies Descalzos, Shakira ayuda a los niños pobres de su ciudad. ¿Tienen los artistas una obligación o responsabilidad especial para ayudar a la gente pobre? ¿Por qué? Defienda su opinión.

_____

_____

_____

_____

Aclaración y expansión

1-28 Adverbios. Escriba los adjetivos y adverbios que corresponden a cada descripción.

Descripción	Adjetivo	Adverbio
1. con facilidad		
2. de modo directo		
3. con crueldad		
4. con consistencia		
5. con arte		
6. de forma temporal		
7. con formalidad		
8. con naturalidad		

1-29 El mercado de Otavalo. Complete este texto sustituyendo cada expresión con la palabra apropiada de la lista.

aquí	frecuentemente
cerca	generalmente
especialmente	tradicionalmente

El Ecuador es un país que ofrece muchas atracciones a los turistas que lo visitan, pero una que tiene mucha popularidad es Otavalo. Allí se puede escuchar tanto el uso del español como del quechua y también apreciar de su rica herencia artística. (1) _____ (Con frecuencia) los turistas visitan Otavalo donde el atractivo principal es el mercado indígena en la Plaza de los Ponchos. (2) _____ (En este lugar) cientos de indígenas otavaleños exhiben diversos tejidos y textiles (3) _____ (no lejos) de artesanos mestizos que venden varios tipos de artesanías: joyería, figuras de madera, collares de mullos (*glass beads*) y piezas de cerámica antiguas. (4) _____ (Por lo general) la feria se lleva a cabo todos los días, aunque los sábados por la mañana es cuando se encuentra mayor variedad de mercancía (*merchandise*). Todo este comercio artesanal ocurre entre el ruido de yerbateros (*herb doctors*), charlatanes, videntes (*fortune tellers*) y otros personajes pintorescos.

Otavalo, famosa por la producción artesanal de sus habitantes, es ahora un símbolo mundial de los ecuatorianos. En el comercio internacional, sin duda la ciudad de Otavalo es la más importante de su provincia. Los indígenas de esta ciudad se han dedicado a las actividades comerciales, (5) _____ (en especial) a la venta de artesanías ecuatorianas en el extranjero. Se les puede ver en todos los países del mundo, vestidos (6) _____ (de forma tradicional), vendiendo sus productos y luciendo (*displaying*) sus talentos para los negocios.

1-30 Comparaciones. Usted acaba de volver a casa después de estudiar un año en Uruguay y le muestra una foto a su familia. Describa a sus amigos. Use **más/menos... que/de** para completar el siguiente texto.

Pepe   Magdalena   Lucía   Rafael   José Luis   Las hermanas Rubio

Estas dos, a la derecha, son las hermanas Rubio. Ellas son muy simpáticas y conversadoras; son

(1) _____ extrovertidas _____ cualquier (*any*) otra persona de la foto.

Ellas también son (2) _____ delgadas _____ todas mis otras amigas.

Este con los anteojos es Rafael; él es muy inteligente y trabajador. Este otro es José Luis; a él no le gusta

nada estudiar y pasa mucho tiempo en la cancha (*court*) de baloncesto. José Luis es definitivamente la

persona (3) _____ estudiosa _____ conozco. Es sin duda

(4) _____ trabajador _____ el resto de nuestro grupo de amigos y

no piensa en nada que no tenga que ver con los deportes. Todos somos (5) _____ bajos

_____ José Luis porque él es altísimo. La chica que tiene la raqueta es Lucía. Ella es

(6) _____ atlética _____ Magdalena. A ella le encanta jugar tenis

mientras que a Magdalena no le interesan mucho los deportes. Magdalena prefiere leer e ir al cine.

Ella es la novia de Pepe. Pepe es una persona muy formal; es (7) _____ elegante

_____ el resto del grupo, pero al mismo tiempo es (8) _____ simpático

_____ los otros.

1-31 Comparaciones. Haga comparaciones según las indicaciones.

MODELO: Shakira — discos en inglés / discos en español
  Shakira tiene menos discos en inglés que en español.

1. Isabel Allende / Gabriel García Márquez — popular en Estados Unidos

   _____

2. Alex Rodríguez / Pedro Martínez — famoso en el mundo del béisbol

   _____

3. Michelle Bachelet — importante para los chilenos / para los peruanos

   _____

1-32 ¡La vida no es justa! Después de recibir la nota de su último examen, Raquel se siente frustrada y escribe en su diario. Escoja las expresiones más adecuadas para completar las oraciones que escribe.

1. ¡Qué injusticia! A Jorge le gusta mucho salir; va a fiestas todos los fines de semana y duerme (menos de / menos que / tanto como) cinco horas por noche.

2. Realmente no lo entiendo; a pesar de que paso muchas horas (más que / menos que / tanto como) Jorge en la biblioteca, yo nunca saco mejores notas.

3. Él generalmente saca notas (tan / tanto como / tantas) buenas como yo.

4. Esta situación me tiene muy frustrada, especialmente cuando pienso que Jorge pasa (más de / menos de / tanto como) una hora en su cuarto con los libros.

5. No sé qué hacer para tener (tan / tanto / tantas) éxito como él.

6. Quiero tener (tantos / tan / tanta) suerte como él en los estudios sin tener que hacer tanto esfuerzo (*effort*).

1-33 ¡Qué exagerado/a! Usted tiene un/a amigo/a que tiende a exagerar las cosas un poco. Use el superlativo para expresar lo que probablemente diría su amigo/a.

1. Usted: No me gustan los perros grandes; por eso tengo un perro pequeño.

   Su amigo/a: ¡Pero qué dices! Tu perro no es pequeño, es _____; es el perro más pequeño que he visto en mi vida.

2. Usted: Vamos a ese restaurante; allí sirven comida deliciosa aunque un poco cara.

   Su amigo/a: ¡Estás loco/a! La comida es _____, pero el restaurante es _____. Vamos a un lugar menos costoso.

3. Usted: Mi padre gana poco, pero su trabajo es fácil.

   Su amigo/a: Bueno... pero él gana _____ porque su trabajo es _____. Si fuera más difícil seguro que ganaría más.

4. Usted: Soy un/a buen/a estudiante; paso mucho tiempo en la biblioteca y en el laboratorio.

   Su amigo/a: ¡Qué modesto/a! Eres un/a estudiante _____ y además pasas _____ tiempo estudiando en la biblioteca o analizando datos en el laboratorio.

Algo más

1-34 La nominalización. Use las formas correctas de las construcciones nominales para evitar mucha repetición en el texto. Consulte la explicación de la nominalización en el texto (p. 26) y use el modelo como guía.

MODELO: Los hispanos de California y (**los hispanos**) de Florida tienen sus raíces en países diferentes.
*Los hispanos de California y **los** de Florida tienen sus raíces en países diferentes.*

1. La herencia europea y (**la herencia**) indígena son la base de la cultura latinoamericana.

   _____

2. Los inmigrantes políticos y (**los inmigrantes**) económicos a veces tienen historias semejantes.

   _____

3. Las culturas asiáticas y (**las culturas**) africanas contribuyen al patrimonio cultural de Estados Unidos.

   _____

4. El bilingüismo en el centro de México y (**el bilingüismo**) en lugares como Guatemala, Honduras, Nicaragua, Panamá, Colombia y Chile se caracterizan por una variedad de contactos lingüísticos.

   _____

A escribir

1-35 ¡A escribir! Escoja uno de los siguientes temas y desarróllelo según las instrucciones.

1. **Una clase interesantísima.** Usted le escribe a un amigo un correo electrónico para hablarle sobre un tema que le pareció fascinante en su última clase de español. Seleccione uno de los siguientes temas para su descripción:
   - la influencia de los hispanos en Estados Unidos
   - la vida y la carrera de Shakira
   - la presencia de los hispanos en el país

2. Conoce a sus vecinos. Escriba un breve informe sobre la población hispana en su ciudad. Indique lo siguiente:

- los barrios donde viven
- los establecimientos comerciales que hay allí
- la comida que generalmente comen
- las fiestas que celebran y dónde
- el lugar de donde vienen

3. La influencia del español. Escriba brevemente sobre la influencia del español sobre el inglés. Indique lo siguiente:

- dónde hay nombres de lugares en español
- las comidas que tienen nombres en español
- las palabras que se asocian con la comida
- el origen de la palabra *dólar*

_____

_____

_____

_____

_____

_____

_____

A explorar

1-36 Otros hispanos famosos. Busque información en Internet sobre las siguientes personas. Note la descripción detallada de la persona (su origen, profesión, apariencia física, edad) y compárela con su celebridad favorita.

Sergio García	Paulina Rubio
El Príncipe de Asturias	Thalía
Gloria Estefan	El Rey Juan Carlos I
Óscar de la Hoya	Christina Aguilera
Carlos Santana	Alex Rodríguez

2
Nuestra lengua

PRIMERA PARTE

A leer

Preparación

2-1 Asociación. Fíjese en las siguientes palabras e indique si las asocia con Europa y el Medio Oriente o con las Américas y sus habitantes. Ponga cada palabra en la categoría que mejor corresponde.

el árabe	el celta	el *espanglish*	el godo	el guaraní	el maya	el peruano
el castellano	el cubano	el francés	el griego	el hebreo	el náhuatl	el venezolano

Europa y el Medio Oriente	Las Américas

2-2 Sinónimos. Primera fase. Lea las oraciones y escriba el verbo que mejor sustituye la palabra o expresión en negrita (*boldface*).

albergar	establecer	regir
asociar	explicar	traer
conllevar	llegar	tratar de
encontrar	ocurrir	variar

1. Muchos lingüistas intentan **fijar** _____ nuevas teorías para **exponer** _____ el uso del *espanglish*.

2. Es común **intentar** _____ **descubrir** _____ las influencias autóctonas en las lenguas americanas.

3. El trabajo va a **implicar** _____ ciertas responsabilidades para las cuales Juan no estaba listo.

4. Este autor es especialista en el suspenso. Nunca sabemos lo que va a **pasar** _____ en sus cuentos.

5. Es posible **hospedar** _____ a personas con pocos recursos económicos en ese centro.

6. Todas las lenguas van a **cambiar** _____ con el tiempo y las influencias externas.

7. La analista pidió a su paciente **vincular** _____ unas imágenes con lo primero que le venía a la mente.

8. Con las conquistas, los colonos van a **arribar** _____ a nuevos territorios, **trasladar** _____ sus sistemas políticos y **gobernar** _____ sobre la población indígena.

Segunda fase. El siguiente párrafo habla de la combinación del inglés y el español. Use la forma del pretérito de diez de los verbos de la lista de la *Primera fase* para completar el párrafo. Fíjese en el significado que aparece en paréntesis.

Las combinaciones de distintas lenguas (1) _____ (se llevaron a cabo) desde el momento en

que se (2) _____ (instaló) un contacto entre dos comunidades lingüísticas. En lugares como

Canadá y Suiza dos diferentes culturas y lenguas entraron en comunicación, algo que vemos también en Estados

Unidos. Aquí, en vista del variado origen de los grupos de colonos que (3) _____

(aparecieron) y los idiomas que (4) _____ (transportaron), surge una combinación de

tradiciones, culturas y lenguas. Los lingüistas y otros estudiosos (5) _____ (intentaron)

explicar la mezcla entre el inglés y el español, llamada con frecuencia el *espanglish*; hace más de dos

décadas y hasta el momento no han llegado a un acuerdo en cuanto a su definición o valor. Algunos

(6) _____ (justificaron) la aparición del *espanglish* como una lengua propia y la

(7) _____ (relacionar) con una identidad nacional específica. Pero, estos tipos de contactos

lingüísticos anglo-hispanos se (8) _____ (hallaron) también en Centroamérica, algunas zonas

del Caribe y en Gibraltar. Conocido como *spanglish*, *ingañol*, *espanglish*, *espanglés*, *espangleis* o *espanglis*, este

lenguaje mixto en Gibraltar se llama *yanito* o *llanito*. Este español gibraltareño se (9) _____

(alojó) en el ambiente familiar o casero ya que el inglés (10) _____ (gobernó) el ámbito

oficial. Y aunque los gibraltareños no experimentan presión para hablar llanito, lo hacen por voluntad propia

como también lo hacen muchos latinos en Estados Unidos.

2-3 Su turno. Hay muchas palabras en inglés que vienen del español. Algunas de estas palabras tienen su origen en una lengua indígena de las Américas. Seleccione cinco de las palabras de la lista. Para cada una, descubra su origen consultando un diccionario en Internet.

adobe: _____   chocolate: _____   llama: _____

alpaca: _____   condor: _____   poncho: _____

armadillo: _____   coyote: _____   tomato: _____

bonanza: _____

Lectura

2-4 Infórmese sobre el tema. Para una clase de lingüística tiene que investigar el/los idioma(s) de sus antepasados. ¿En qué lugares del mundo se habla(n)? ¿Se habla(n) todavía en su familia? ¿Lo(s) habla usted?

_____

_____

_____

_____

2-5 Anticipar el contenido. Lea el título y el primer párrafo y seleccione los tipos de información que anticipa encontrar en el artículo.

a. fechas y nombres de personajes importantes de la historia española

b. descripción de los factores que contribuyeron a la formación de un idioma

c. leyendas asociadas con la época medieval

d. la biografía de un rey

2-6 Una historia del idioma español. Ahora lea el artículo y seleccione las respuestas a las siguientes preguntas.

La estandarización del español

Según Ralph Penny, la creación de un idioma estandarizado en España fue el resultado del trabajo de un hombre, Alfonso X El Sabio, el rey de Castilla y León (1252–1284). Antes del reinado de Alfonso X hubo un esfuerzo de escribir el vernáculo (idioma propio del país) por medio de un sistema de ortografía (*spelling*), pero lo que se estableció fue un tipo de escritura dialectal donde las características de la región de origen del autor, y no los rasgos generales comunes a todos, se albergaban. Esto no sorprendió a los estudiosos de manuscritos pre-alfonsinos como el *Auto de los reyes magos* y el *Poema del mío Cid* ya que encontraron rasgos del habla toledana en el primero y de la del noreste de Castilla en el segundo.

Estas variaciones regionales desaparecieron, en gran parte, a fines del siglo XIII, como resultado de las iniciativas que trajeron Alfonso X y sus colaboradores. Por un lado, el uso del castellano o español llegó a ser prestigioso e incluso rigió por un tiempo el ambiente intelectual ya que actuaba como un vehículo para la producción de documentos científicos, historiográficos, legales y literarios. Por otro lado, Penny explica que los manuscritos del propio rey albergaron un cuidado exquisito en el uso correcto del lenguaje y de este modo manifestaban la estandarización del castellano que se llevaba a cabo en aquella época. Para el fin del reinado de Alfonso X ya no era posible identificar los rasgos regionales en la producción escrita que salía de Castilla.

Otro aspecto importante en la estandarización del español fue el uso del español en todos los asuntos administrativos. En contraste con las otras lenguas que se hablaban en aquel entonces, como el latín, el árabe y el hebreo, el castellano no tenía ningún vínculo religioso. Además, a lo largo de todo el reino de Alfonso X, toda transacción del estado que ocurrió, pasó en una forma cada vez más estandarizada de castellano y los documentos que salían de la corte alfonsina podían servir como ejemplos o modelos del uso correcto del castellano.

1. ¿Qué ocurrió durante el reino de Alfonso X?
   a. El castellano cambió poco.
   b. Se prohibió el uso del castellano.
   c. Se estandarizó el castellano escrito.

2. ¿Qué caracterizó la escritura que se estableció antes del reino de Alfonso X?
   a. Tenía rasgos dialectales.
   b. No tenía rasgos dialectales.
   c. Era muy formal.

3. ¿Qué se encontró en los manuscritos del rey?
   a. Ejemplos de la literatura castellana
   b. Un cuidado exquisito del uso del idioma
   c. Muchos errores

4. ¿Por qué llegó a ser prestigioso el uso del castellano?
   a. Se usaba para documentos oficiales del gobierno.
   b. Se usaba exclusivamente por el rey.
   c. Se usaba en libros religiosos.

5. ¿De qué forma se usó el castellano en la corte alfonsina?
   a. Para comunicarse con el rey
   b. En la producción de manuscritos y en la administración de la corte
   c. Para escribir mensajes amorosos

6. ¿Qué ventaja tuvo el castellano que otras lenguas no tenían?
   a. Era un idioma que se conectaba con la iglesia católica.
   b. Estaba de moda entre la gente del campo.
   c. Se consideraba prestigioso y no tenía una conexión religiosa.

2-7 La importancia del Rey Alfonso X. En sus propias palabras, indique las contribuciones del rey Alfonso X a la estandarización del castellano en España. ¿Qué iniciativas implementó este rey?

_____

_____

Aclaración y expansión

2-8 ¡A ponerlo en práctica! Examine las oraciones basadas en la lectura, fíjese en los verbos que aparecen en negrita y seleccione la respuesta que corresponde al uso.

1. La creación de un idioma estandarizado en España **fue** el resultado del trabajo de un hombre.
   a. acción terminada en el pasado
   b. verbo en secuencia de eventos completados en el pasado
   c. principio de un evento o emoción

2. Antes del reinado de Alfonso X **hubo** un esfuerzo de escribir el vernáculo.
   a. acción terminada en el pasado
   b. verbo en secuencia de eventos completados en el pasado
   c. principio de un evento o emoción

3. Hubo un esfuerzo de escribir el vernáculo por medio de un sistema de ortografía, pero lo que **se estableció** fue un tipo de escritura dialectal.
   a. acción terminada en el pasado
   b. verbo en secuencia de eventos completados en el pasado
   c. principio de un evento o emoción

4. El uso de dialectos no **sorprendió** a los estudiosos.
   a. acción terminada en el pasado
   b. verbo en secuencia de eventos completados en el pasado
   c. principio de un evento o emoción

5. Los estudiosos de manuscritos pre-alfonsinos **encontraron** rasgos del habla toledana en el *Auto de los reyes magos* y rasgos del noreste de Castilla en el *Poema del mío Cid.*
   a. acción terminada en el pasado
   b. verbo en secuencia de eventos completados en el pasado
   c. principio de un evento o emoción

6. Las variaciones regionales **desaparecieron** a fines del siglo XIII.
   a. acción terminada en el pasado
   b. verbo en secuencia de eventos completados en el pasado
   c. principio de un evento o emoción

7. Los manuscritos del propio rey **albergaron** un cuidado exquisito.
   a. acción terminada en el pasado
   b. verbo en secuencia de eventos completados en el pasado
   c. principio de un evento o emoción

8. Toda transacción del estado **ocurrió** en una forma cada vez más estandarizada de castellano.
   a. acción terminada en el pasado
   b. verbo en secuencia de eventos completados en el pasado
   c. principio de un evento o emoción

2-9 El alcance del castellano. Complete el siguiente párrafo sobre la expansión del uso del castellano con la forma correcta de cada verbo en el pretérito.

El uso del español se (1) _____ (extender) mundialmente gracias a un evento único: la

colonización de América. El español (2) _____ (llegar) al continente americano mediante los

sucesivos viajes de Colón y, luego, con el enorme flujo de colonizadores que buscaban nuevas oportunidades en

América. Sin embargo, la llegada del idioma español a este vasto territorio no (3) _____

(significar) la desaparición de las lenguas nativas. En varios casos, los conquistadores y misioneros

(4) _____ (asegurar) el uso de las llamadas "lenguas generales", porque

(5) _____ (usar) estas lenguas nativas como medio de comunicación con un gran número de

hablantes. Aunque el castellano se (6) _____ (tratar) de implantar en el nuevo continente, las

lenguas nativas (7) _____ (contar) con gran aceptación. El náhuatl en México y el quechua

en el Perú son lenguas que (8) _____ (gozar) de una popularidad única en el comercio.

2-10 La longevidad de las culturas indígenas.
Las lenguas indígenas no fueron las únicas cosas que sobrevivieron. El siguiente párrafo habla de uno de los misterios de la arquitectura inca que sigue sin explicarse todavía. Use la forma del pretérito de los verbos en paréntesis para completar el párrafo.

Es imposible explicar los méritos de la arquitectura indígena en una palabra. Algunos de sus templos,

pirámides y otros edificios siguen en pie, mientras construcciones modernas (1) _____

(desaparecer) al poco rato. Al ver esos espléndidos monumentos, los primeros visitantes extranjeros a la zona se

(2) _____ (sorprender) por la ingeniería con la cual se (3) _____

(construir) estas estructuras. Los albañiles (*stone masons*) incas, por ejemplo, (4) _____

(descubrir) una técnica que les permitió trabajar la piedra con mucha precisión. A pesar de que no tenían

herramientas sofisticadas, las paredes (*walls*) que (5) _____ (empezar) a edificar con

gigantescas piedras estaban colocadas (*placed*) de forma que no cabía (*fit*) una hoja de afeitar (*razor blade*) entre

ellas. Tampoco se sabe cómo los incas (6) _____ (obtener) algunas de las piedras que pesaban

más de cien toneladas (*tons*) ni cómo las transportaban. Este es uno de los misterios de las civilizaciones

indígenas que no se explican claramente hoy en día.

2-11 La tradición oral de los incas.
Complete este relato que narra el mito de creación de los incas seleccionando la forma correcta de los verbos.

Se dice que después de un gran diluvio (*flood*) que había devastado todo, (1) (salir / salieron / salió) de una cueva
llamada Pacaritambo (lugar de los orígenes en quechua) cuatro hermanos cuyos nombres eran Ayar Uchu, Ayar
Cachi, Ayar Manco y Ayar Auca. Acompañados por sus cuatro hermanas, Mama Ocllo, Mama Huaco, Mama
Ipacura o Cura y Mama Raua, (2) (deciden / decidimos / decidieron) buscar un lugar más fértil y próspero para
instalarse. Llevaron con ellos los miembros de diez ayllus (organización inca que agrupaba diez familias).
(3) (Se dirigen / Se dirigieron / Se dirigían) hacia el sudeste. Con el tiempo, se estableció una rivalidad entre los
hermanos que causó conflictos que no tenían solución. Los hermanos tenían celos de Ayar Cachi, un hombre
fuerte, y querían matarlo. Un día, cuando Ayar Cachi entró en una caverna, uno de sus sirvientes cerró la
entrada con una gran piedra y Ayar Cachi no (4) (puede / pude / pudo) jamás salir. Los siete hermanos y
hermanas, acompañados de los ayllus, (5) (seguí / siguieron / siguen) su camino y llegaron al monte Huanacauri
donde (6) (descubrieron / descubren / descubrimos) un ídolo de piedra del mismo nombre. Llenos de respeto y
de temor frente a este ídolo, entraron al lugar donde se lo adoraba. Ayar Uchu (7) (saltó / salté / saltaron) sobre
la espalda de la estatua y fue enseguida petrificado, haciéndose parte delantera de la escultura, y (8) (aconsejé /
aconsejaron / aconsejó) a sus dos hermanos que siguieran el viaje, pero les (9) (pedí / pedimos / pidió) que
celebraran en su memoria la ceremonia del Huarachico, o la iniciación de los jóvenes.

En el curso del viaje Ayar Auca también (10) (se transformaron / se transformó / te transformaste) en estatua de
piedra en la pampa (*prairie*) del Sol. Ayar Manco, acompañado de sus cuatro hermanas, llegó a Cuzco donde
(11) (encontramos / encontró / encuentran) buenas tierras, y hundió su cetro (*scepter*) con facilidad.
Entusiasmados por el entorno decidieron quedarse y (12) (fundó / fundé / fundaron) así, en nombre del creador
Viracocha y en nombre del Sol, la ciudad del Cuzco (ombligo, en quechua), la capital del Tahuantisuyo (imperio
de las cuatro provincias).

2-12 Un viajero precavido. Imagínese que usted acaba de hacer el viaje que hicieron los hermanos Ayar. Basado en lo que acaba de leer, escoja las cosas que hizo en preparación para el viaje.

❑ Confié totalmente en el mapa.

❑ Seleccioné cuidadosamente a mis acompañantes.

❑ Salí de Pacaritambo solo/a.

❑ Conseguí suficiente comida y agua para la gente que me acompañaba en la jornada.

❑ Decidí ir en dirección sudeste.

❑ Llevé el cetro.

2-13 Su turno. Ahora escriba tres cosas que posiblemente ocurrieron durante su viaje.

_____

_____

_____

2-14 Las reinas incaicas. El rol de la mujer en la historia de la fundación del imperio inca es importante. Use la información de la tabla abajo para hablar de lo que las siguientes reinas incaicas hicieron. Debe hablar claramente y usar la forma apropiada de los verbos.

	Mama Huaco	Mama Ocllo
Ayudar a fundar el Cuzco	X	X
Viajar con sus hermanos	X	X
Buscar un lugar adecuado	X	X
Hundir una vara en el lugar que hoy es el Cuzco	X	
Luchar para tomar posesión de la tierra	X	
Ser capitán del ejército	X	
Asociarse más con hombres que con mujeres	X	
Enseñar a las mujeres a cocinar		X

2-15 Desde el pasado. Durante un fin de semana, Ayar Manco y sus hermanos empiezan a relatar sus aventuras más increíbles. Narre la historia de la jornada al Cuzco, desde el punto de vista de Ayar Manco.

Salí para el Cuzco con mis tres hermanos… _____

_____

_____

_____

2-16 Los preparativos de un viaje. El año pasado usted hizo un viaje a Machu Picchu, pero hacía mal tiempo. Describa lo que ocurrió. ¿Tuvo que pedir auxilio? ¿Cuánto tiempo llovió?

_____

_____

_____

_____

Ventanas al mundo hispano

2-17 Muchas lenguas en una lengua. Seleccione las palabras que se han incorporado al español a partir de su contacto con lenguas nativas de Latinoamérica. ¿Cuántas puede reconocer?

aguacate	cóndor	maní
automóvil	hamaca	papa
biblioteca	huracán	papaya

2-18 Origen común. Como señala nuestro texto, la Península Ibérica fue colonizada por los romanos en el siglo II aC y por eso la lengua española procede del latín. Muchas de estas palabras son cognados en inglés. Para cada palabra, escriba la palabra en inglés que le corresponde.

1. prudente _____

2. inmediato _____

3. proporcionado _____

4. habitual _____

5. vulgar _____

6. serio _____

7. distinguido _____

8. espléndido _____

9. gregario _____

10. común _____

2-19 Palabras nuevas. Elija cinco de los adjetivos precedentes y escriba una oración con cada uno de ellos.

1. _____

2. _____

3. _____

4. _____

5. _____

2-20 Variantes dialectales. Asocie las palabras de la izquierda con sus equivalentes de la columna de la derecha. Si no conoce su significado, hable con personas de la comunidad hispana o busque las palabras en Internet para averiguarlo.

1. _____ huaraches (México)   **a.** niño
2. _____ pololo (Chile)   **b.** amigo/a
3. _____ carro (Puerto Rico)   **c.** abrazos
4. _____ apapaches (Perú)   **d.** camiseta
5. _____ tinto (Colombia)   **e.** pajita
6. _____ caña (España)   **f.** cerveza
7. _____ pana (Puerto Rico)   **g.** coche
8. _____ popote (México)   **h.** novio/a
9. _____ gurí (Uruguay)   **i.** sandalias
10. _____ playera (México)   **j.** café negro

2-21 *Espanglish.* Como hemos visto en nuestro libro, el *espanglish* o *spanglish* es una forma híbrida entre el inglés y el español. Muchos hispanos que viven en Estados Unidos utilizan palabras que están tomadas directamente del inglés. Para cada palabra, escriba el equivalente en inglés.

1. el rufo   _____
2. la troca   _____
3. la marqueta   _____
4. el lonche   _____
5. mopear   _____

2-22 ¿Y usted, qué dice? Primera fase. Usted ha sido invitado a un congreso donde se discutirá el tema de la pureza (*purity*) de la lengua. Escriba algunas razones en defensa de la pureza de la lengua y otras a favor de la diversidad y el hibridismo.

Pureza:

1. _____
2. _____
3. _____

Diversidad:

1. _____
2. _____
3. _____

Segunda fase. Decida con cuál de las dos alternativas está más de acuerdo y fundamente su posición al respecto.

SEGUNDA PARTE

A leer

Preparación

2-23 Asociaciones. Primera fase. Coloque las palabras de la lista en la categoría que le corresponde.

| autor | ensayo | fábula | formulario | idioma | novela |
| dialecto | escritor | folleto | hablante | modismo | poesía |

Género literario	Tipo de lenguaje	Persona que usa el lenguaje

Segunda fase. Las siguientes personas siguen algunos de los estereotipos. Aunque son generalizaciones, asocie las siguientes expresiones con las siguientes personas. Escoja la respuesta que corresponda a cada persona.

a. una mujer distinguida   b. un chico moderno

1. gramática correcta   a   b
2. vocabulario elegante   a   b
3. modismos contemporáneos   a   b
4. idioma asociado con la cultura *punk*   a   b
5. estudiante en la universidad   a   b
6. autor/a de novelas históricas   a   b
7. escritor/a de folleto de protesta   a   b
8. hablante del francés y entusiasta del buen gusto   a   b

2-24 La literatura. Describa el tipo de literatura que prefiere. ¿Cuál fue la última obra de este tipo que leyó? ¿Le gustó? ¿Por qué o por qué no?

_____

_____

_____

_____

2-25 En la escritura. Describa el proceso que siguió usted en el último ensayo que escribió. Use las frases de la lista y el pretérito de los verbos.

buscar el **significado** de algunas palabras

verificar el uso de la **gramática**

preparar un **bosquejo**

escribir un **desenlace** interesante

_____

_____

_____

_____

2-26 Antónimos. Primera fase. Asocie cada palabra con el significado opuesto.

1. _____ capaz
2. _____ cosmopolita
3. _____ distinto
4. _____ extranjero
5. _____ precavido
6. _____ semejante

a. idéntico
b. nativo
c. provinciano
d. diferente
e. inepto
f. atrevido

Segunda fase. Use la forma correcta de algunas de las palabras de la lista a la izquierda en la *Primera fase* para completar el siguiente párrafo relacionado con la escritura maya.

No todas las civilizaciones precolombinas fueron (1) _____ (iguales); varias características las

diferenciaban. La maya, en particular, tenía una escritura de jeroglíficos cuyo sistema complejo de caligrafía e

ilustraciones nadie ha sido (2) _____ (apto) de descifrar totalmente. Unos investigadores

propusieron que los jeroglíficos mayas eran un simple número de palabras. Otros especialistas más

(3) _____ (atentos) sugirieron que formaban un sistema fonético compuesto de

(4) _____ (diferentes) sonidos. En realidad, sólo tras los descubrimientos de Tatiana

Proskouriakoff, una investigadora (5) _____ (forastera) de origen ruso que dedicó toda su

vida al estudio de los antiguos mayas, los epigrafistas pudieron estar de acuerdo en que la escritura maya era un

sistema de signos fonéticos completo y funcional.

2-27 Una infatigable investigadora. Lea la información sobre **Tatiana Proskouriakoff**, la famosa investigadora de los mayas. Luego, determine si las siguientes afirmaciones son **Ciertas** o **Falsas**.

Tatiana Proskouriakoff, o Tania como la llamaban sus amigos, nació en Tomsk, Siberia, el 23 de enero de 1909. Creció en esta ciudad rodeada de una familia con intereses científicos: su abuelo enseñaba ciencias naturales, su padre era químico e ingeniero, y su madre era médica. Emigró con el resto de su familia a Estados Unidos después de la Revolución Rusa y empezó sus estudios en la escuela de arquitectura de la Universidad de Pennsylvania. En 1936 participó en una expedición del museo de esta universidad a Piedras Negras, Guatemala, con el arqueólogo Linton Satterthwaite, a quien ella había impresionado con la calidad de su trabajo. Tres años después, comenzó a trabajar con Sylvanus Morley, quien la contrató para hacer dibujos de reconstrucción arquitectónica en el proyecto de Chichén Itzá. En 1946 publicó su *Álbum de arquitectura maya* y poco después desarrolló un método para fechar monumentos que consistió en un análisis laborioso y detallado. Pasó de dibujante a arqueóloga bajo la Institución Carnegie de Washington y luego, a partir de 1958, dirigió la Curaduría de Arte Maya para el Museo Peabody de Arqueología y Etnología de la Universidad de Harvard. Es entonces cuando se dedica a los jeroglíficos y escribe uno de sus varios artículos. La reputación de Tatiana Proskouriakoff como investigadora de los mayas se basa tanto en sus dibujos de reconstrucción como en sus contribuciones al desciframiento de jeroglíficos. Fue una gran investigadora que permitió que las mujeres entren en el campo de la arqueología, reservado hasta entonces a los hombres.

1. Proskouriakoff vivió en un entorno (*surroundings*) familiar científico.　　Cierto　　Falso

2. La calidad de sus dibujos no impresionó a nadie.　　Cierto　　Falso

3. Trabajó como dibujante, arqueóloga y curadora.　　Cierto　　Falso

4. Publicó solamente un libro.　　Cierto　　Falso

5. Esta investigadora contribuyó al conocimiento de la cultura maya y dio acceso a las mujeres al campo de la antropología.　　Cierto　　Falso

2-28 Enfóquese en la lengua. Busque en su diccionario o en Internet el origen de las siguientes palabras: alfombra, almohada, arroz, azafrán, azúcar, barrio, cero, fideos, hazaña, mazapán y zanahoria.

¿De qué lengua proceden? _____

Lectura

2-29 Infórmese sobre el tema. Fíjese en el título y el primer párrafo de la lectura, y seleccione el/los tema(s) que se trata/n.

❑ los movimientos de baile de influencia árabe

❑ las palabras que se usan para describir a la personas de origen árabe

❑ las palabras de origen árabe que se mantienen en el castellano

❑ la importancia de la cultura musulmana en España

2-30 Examine el texto. Lea el artículo y fíjese en las fechas o siglos que se mencionan en el texto. Luego conteste las preguntas a continuación.

Los arabismos: la influencia de la cultura musulmana

A partir del siglo VIII hasta fines del siglo XV, el árabe fue la lengua oficial de una gran parte de la Península Ibérica. Dentro del área llamada Al-Andalus, todos los habitantes tenían un conocimiento de esta lengua como hablantes nativos o como una segunda lengua. Pero la naturaleza multilingüe de Al-Andalus no explica totalmente el gran número de arabismos que se incorporaron en el castellano. Es necesario explicar la presencia de estas palabras en el léxico del castellano como resultado de la necesidad de nombrar conceptos (tangibles e intangibles) desconocidos en Castilla que llegaron de Al-Andalus. Otro factor que hay que tener en mente es el prestigio que se asociaba con el árabe, ya que funcionaba como un vehículo de cultura considerada mucho más avanzada que la de la España cristiana o la de la Europa cristiana. También hay que estudiar el movimiento de personas familiarizadas con el árabe que iban de Al-Andalus a Castilla y aquellas que llegaban a territorios árabes recién reconquistados.

Una gran parte de los arabismos del castellano son sustantivos; suelen empezar con la sílaba "al". Esto ocurrió porque los hablantes de la lengua romance incorporaban el artículo definido "al" junto con el sustantivo que lo acompañaba. El castellano hoy mantiene en su vocabulario cientos de arabismos, y algunos de ellos se encuentran entre las palabras más usadas de la lengua. Durante la larga guerra que implicó la reconquista, los hablantes del castellano iban adoptando las tácticas y las armas de los musulmanes y por extensión el vocabulario árabe como alforjas (*saddlebags*), almirante (*admiral*), alcázar (*citadel*) y almenas (*battlements*). Otros préstamos (*borrowings*) del árabe se asocian con la vida civil: alcalde (*mayor*), aldea (*village*) y alguacil (*bailiff*). En el comercio se adoptaron palabras como alquiler (*rental*), y otras relacionadas con profesiones como albañil (*stone mason*) y alfarero (*potter*). Otras aún son referentes a la flora y fauna como albaricoque (*apricot*), alcachofa (*artichoke*), alfalfa, algarroba (*carob bean*), albahaca (*basil*), algodón (*cotton*) y alubia (*kidney bean*). Esta es una lista bastante limitada y sólo incluimos aquí aquellos arabismos que empiezan con "al"; hay muchos más.

Concluimos que el castellano alberga tradiciones e influencias extranjeras que se estandarizan y luego pasan de España a América. Allí, junto con las contribuciones indígenas, pasan al inglés. El castellano, como muchos otros idiomas, es un idioma que está vivo y en constante transición.

1. ¿Se habla del presente o del pasado?

_____

2. ¿Por qué hay una lista de palabras en el segundo párrafo?

_____

2-31 Los arabismos. Ahora vuelva a leer el artículo e indique si las oraciones que siguen son **Ciertas** o **Falsas**.

1. La parte de la Península Ibérica donde los habitantes hablaban árabe se llamaba Al-Andalus.   Cierto   Falso

2. Las palabras de origen árabe que adoptó el castellano vienen de la importación de libros.   Cierto   Falso

3. Los arabismos son generalmente sustantivos.   Cierto   Falso

4. Hay cientos de arabismos en el castellano.   Cierto   Falso

5. Algunos arabismos empiezan con la sílaba "al" y la mayoría de los sustantivos árabes empiezan con esa sílaba.   Cierto   Falso

6. Podemos concluir que la evolución del castellano continúa, y que el idioma está cambiando constantemente.   Cierto   Falso

Aclaración y expansión

2-32 Los hablantes del árabe en la Península Ibérica. Indique lo que ocurría en la época en que Al-Andalus existía. Escriba la forma correcta del imperfecto de los verbos en paréntesis.

Durante un periodo de casi ocho siglos, (1) _____ (existir) un área que se

(2) _____ (ir) reduciendo con la reconquista. Todas las personas que

(3) _____ (vivir) en esta zona (4) _____ (hablar) el árabe con diferentes

niveles de fluidez. (5) _____ (usar) este idioma para diferentes funciones diarias. El contacto

que ocurrió entre el castellano y el árabe provocó la adopción de muchas palabras. Estas palabras

(6) _____ (soler) ser términos utilizados frecuentemente.

2-33 Otros artefactos de la lengua árabe. Complete el siguiente párrafo con la forma correcta del imperfecto de los verbos en paréntesis.

Las jarchas (1) _____ (ser) la parte final de una composición poética popular en la época de

Al-Andalus. Estas estrofas finales (2) _____ (estar) compuestas en un dialecto hispanoárabe

llamado mozárabe. Las (3) _____ (escribir) poetas cultos árabes y judíos que se

(4) _____ (inspirar) de otras composiciones populares. En estas obras se

(5) _____ (encontrar) el folclore árabe e (6) _____ (incluir)

principalmente el amor en las cuales una muchacha (7) _____ (hablar) de sus experiencias

amorosas con su madre o sus hermanas. En estos poemas (8) _____ (soler) haber

exclamaciones, interrogaciones y repeticiones.

2-34 El descubridor de las jarchas. Lea el siguiente párrafo sobre Samuel Stern y seleccione los verbos que están en el imperfecto. Indique lo que estaba haciendo el estudioso de origen húngaro en estos años basándose en la información de la lectura breve. Debe usar las formas correctas del imperfecto.

Samuel Miklos Stern era un arabista y hebraísta húngaro que en 1939 comenzaba sus estudios en la Universidad Hebrea de Jerusalén. Allí lo dirigían dos profesores hasta que sus estudios se interrumpieron por su servicio militar. Para 1947, él concluía sus estudios y al poco tiempo se fue a Oxford para doctorarse en 1951. Servía como secretario para la Enciclopedia del Islam. Luego daba clases en Oxford y también en otras universidades. Publicó las primeras jarchas en su famoso artículo de 1948 donde proponía que marcaban el principio de la lírica española. Las situaba en el siglo XI o tal vez antes.

1. En 1939,

_____.

2. En 1947,

_____.

3. En 1951,

_____.

2-35 Otro descubrimiento importante. Complete este fragmento de la biografía de Cristóbal Colón con la forma correcta del pretérito o el imperfecto.

Una de las fechas más significativas de la historia (1) _____ (ser) la del 12 de octubre de 1492, el día en que Cristóbal Colón (2) _____ (venir) a las Américas. Este explorador (3) _____ (nacer) en Génova en el año 1450 bajo el nombre de Cristoforo Colombo. (4) _____ (ser) hijo de Domenico Colombo, un hombre que se (5) _____ (dedicar) al tejido, y Suzanna Fontanarossa, una mujer que (6) _____ (ser) de origen humilde.

Colón (7) _____ (tener) una educación modesta, pero (8) _____ (aprender) a leer latín y a escribir en castellano. Con frecuencia, él (9) _____ (ayudar) a su padre con sus labores, pero (10) _____ (empezar) a participar en viajes marítimos a una pronta edad porque (11) _____ (soler) decir que (12) _____ (tener) más años de los que en realidad había cumplido.

Cuando (13) _____ (volver) a Portugal después de varios viajes, (14) _____ (casarse) con Felipa Perestrelo e Monis. La pareja (15) _____ (vivir) en Lisboa, donde Colón (16) _____ (ver) los manuscritos coleccionados por el difunto padre de Felipa que (17) _____ (documentar) posibles tierras al oeste del Atlántico. Luego Colón y su esposa (18) _____ (irse) a vivir a Porto Santo donde Felipa (19) _____ (morir) después de dar a luz a Diego, el único hijo legítimo del explorador. Después de la muerte de su esposa, Colón (20) _____ (dedicarse) casi por completo a las ideas de la exploración de nuevas tierras y, entre ellas, a la esperanza de descubrir una nueva ruta hacia Asia.

2-36 En su lugar. Imagine que usted viajó con Cristóbal Colón. Diga lo que vio, lo que sintió y los problemas que tuvo.

2-37 Use su imaginación. Imagine que usted es un/a investigador/a que hizo un gran descubrimiento. ¿Dónde estaba, y cuántos años tenía? ¿Cuál era su profesión? ¿Con quién estaba? ¿Qué hacía cuando hizo su descubrimiento? ¿Cómo reaccionó?

_____

_____

_____

_____

_____

Algo más

2-38 ¿Hace cuánto tiempo? Escriba cuánto tiempo hace que ocurrieron los siguientes eventos.

MODELO: (Tus padres) venir a Estados Unidos (años)

Hace veinte años que tus padres vinieron a Estados Unidos.

1. (Yo) tomar desayuno (horas)

_____

2. (Nosotros) empezar el semestre (meses)

_____

3. (Estados Unidos) obtener su independencia (años)

_____

4. (Colón) venir a las Américas (siglos)

_____

A escribir

2-39 ¡A escribir! Escoja uno de los siguientes temas y desarróllelo según las indicaciones.

1. Relate un cuento conocido. Piense en una historia o cuento que usted conoce bien. Nárrelo en detalle, e indique lo siguiente:

- la apariencia y el físico de los protagonistas
- el ambiente o el entorno
- las circunstancias de la acción
- lo que pasó
- las reacciones de los protagonistas ante la acción

2. Un cuento. Ahora es su turno de narrar un cuento propio. Fíjese en los usos del pretérito y el imperfecto que se explican en el texto y use su imaginación para escribir un cuento original. Haga lo siguiente:

- dé los nombres de los protagonistas y el del su comunidad
- describa los sentimientos/las emociones de sus protagonistas
- hable de su vestuario
- narre lo que ocurrió
- especifique las tensiones que se asocian con la acción principal
- déle un desenlace a su cuento

3. Un descubrimiento fabuloso. Describa un viaje que hizo o unas vacaciones que tomó en las que conoció un lugar poco semejante al que vive ahora. Indique lo siguiente:

- cómo decidió el lugar
- cómo llegó al lugar
- con quién fue
- algo que hizo por primera vez
- qué le gustó más y por qué

_____

_____

_____

_____

_____

_____

A explorar

2-40 La cultura y la lengua. Investigue los siguientes temas en Internet.

1. La cultura americana y el español. Busque información en Internet sobre la influencia de la cultura norteamericana (estadounidense) sobre el español y haga una lista de las palabras del inglés que se usan con frecuencia en español. ¿Se asocian con la tecnología? ¿Se asocian con la música? ¿Se asocian con la comida?

2. El español en Estados Unidos. Busque información en Internet sobre la influencia del español en Estados Unidos. Haga una lista de las palabras españolas que se usan en inglés. ¿Se ven rótulos (*signs*) en español? ¿Dónde se ven estos rótulos?

3. El bilingüismo en Estados Unidos. Busque información en Internet sobre el número de personas bilingües en inglés y español que hay en Estados Unidos. ¿Qué ventajas tienen estas personas? ¿Qué posibles problemas pueden encontrar?

3
Las leyendas y las tradiciones

PRIMERA PARTE

A leer

Preparación

3-1 Asociación. Ponga cada palabra bajo el elemento que más le corresponde.

acueducto	mar	temblor
colina	océano	terremoto
erupción	pozo	volcán

Tierra	Agua	Fuego

3-2 Otros materiales. Primera fase. Asocie cada cosa con el oficio o conocimiento relacionado.

1. _____ piedra   **a.** hidráulica
2. _____ números   **b.** orfebrería
3. _____ oro   **c.** escultura
4. _____ agua   **d.** astronomía
5. _____ metal   **e.** metalurgía
6. _____ planetas   **f.** aritmética

Segunda fase. Ahora use la forma correcta de algunas de las palabras de la *Primera fase* para completar el siguiente párrafo.

Los romanos tienen fama por sus exquisitas (1) _____ (figura) y sus grandiosos edificios

como los anfiteatros y (2) _____ (vía artificial de agua). Sin embargo, en la época

precolombina, las civilizaciones indígenas también alcanzaron un alto nivel de desarrollo artístico y

artesanal. Los incas y los aztecas, por ejemplo, construyeron grandiosos templos y pirámides de

(3) _____ (roca) que siguen en pie. Estos fueron enormes logros que quedan sin explicarse.

Pero lograron mucho, también en las creaciones más refinadas de la artesanía. En el campo de la

(4) _____ (trabajo con metales preciosos), quedan restos del delicado trabajo de los incas con

el (5) _____ (metal más valorado), con el cual producían coronas, cetros y joyas que a veces

venían acompañados de esmeraldas o turquesas. Los sombreros de Panamá, que en realidad son del Ecuador, los

produjeron los indígenas de Otavalo de paja y hoy se venden por todo el mundo. A lo largo del Nuevo Mundo

se siguen descubriendo vasijas o recipientes de barro y otras figuras cerámicas donde los indígenas ilustraban los

símbolos importantes de su cultura.

Lectura

3-3 Infórmese sobre el tema. Para su clase de antropología, usted tiene que encontrar un texto que explica cómo se creó el universo. Busque el texto y responda a las siguientes preguntas para compartirlo con su clase.

1. ¿Dónde aparece el texto: en un libro de ciencia, un libro de ciencia-ficción, o en un libro religioso?

_____

2. ¿Tiene un autor específico o es anónimo? ¿Quién lo escribió?

_____

3. ¿Es un texto muy leído en su comunidad? ¿Quién(es) lo lee(n)?

_____

4. ¿Es un texto controvertido?

_____

3-4 Examine el texto antes de leerlo. Lea el título y el primer párrafo del artículo y conteste las siguientes preguntas.

1. Seleccione el tipo de información que anticipa encontrar.
   a. fechas y nombres de personajes importantes de la historia chilena
   b. descripción de los factores que contribuyeron a la formación de la religión mapuche
   c. leyendas asociadas con la creación de un pueblo
   d. un estudio sobre la agricultura

2. ¿Reconoce el nombre del grupo o cultura al que se refiere el artículo? Seleccione el país donde vive actualmente.
   a. Perú
   b. Chile
   c. Brasil
   d. El Salvador

3-5 La leyenda. Ahora lea el fragmento de la leyenda y asocie a cada personaje con su descripción.

La leyenda mapuche de la creación del mundo: Domo y Lituche

Hace mucho tiempo, cuando no **había**[1] nada en el mundo, el espíritu progenitor Ngnechén que **ocupaba**[2] el cielo se sentía aburrido y **decidió**[3] crear un ser a quien llamó Lituche o "Hijo". Ngnechén estaba muy contento con su creación y lo quiso poner en la tierra, pero lo **lanzó**[4] con tal entusiasmo que lo golpeó. La madre de Lituche, angustiada por lo que ocurrió, **quería**[5] ver a su hijo, pero no lo pudo hacer con facilidad así que **abrió**[6] una ventana en el cielo que luego se llamó Kuyén o luna que desde entonces vigila el sueño de los hombres. El gran espíritu también quiso saber de su hijo y **abrió**[7] un gran hueco redondo en el cielo que llamó Antú o sol, que de aquel momento se dedica a calentar a los hombres y alentar la vida.

Pero en la tierra Lituche **se sentía**[8] terriblemente solo; no había nada y tampoco tenía con quien conversar. Ngnechén observó esto y **envió**[9] desde lo alto una mujer. Ella cayó a la tierra muy cerca de Lituche y sin hacerse daño. Estaba desnuda, por eso **sentía**[10] mucho frío, pero pronto se puso de pie y **empezó**[11] a caminar para no morir helada. Con cada paso que daba dejaba tras suyo un verdor de hierba recién crecida en sus huellas. Y, con su canto salía una abundancia de insectos y mariposas de su boca. Pronto llegó el armónico sonido de la fauna a Lituche y cuando ella estuvo frente a él se preguntaron sus nombres y ella le dio el suyo, Domo. Entre Lituche y Domo juntos **llenaron**[12] el vacío de la tierra…

1. _____ Ngnechén   a. hija
2. _____ Lituche   b. espíritu creador
3. _____ Domo   c. sol
4. _____ Kuyén   d. hijo
5. _____ Antú   e. luna

3-6 Una vez más. Ahora diga si las siguientes afirmaciones son **Ciertas** o **Falsas**.

1. Lituche vivió por mucho tiempo en el cielo.   Cierto   Falso

2. Ngnechén creó a su hijo porque estaba aburrido.   Cierto   Falso

3. Lituche llegó a la tierra caminando.   Cierto   Falso

4. La madre de Lituche creó la luna después de ver a su hijo caer tan mal.   Cierto   Falso

5. Antú es el nombre de la ventana que Ngnechén creó.   Cierto   Falso

6. Ngnechén es como Dios en la tradición cristiana.   Cierto   Falso

7. Ngnechén creó a Domo porque Lituche necesitaba compañía.   Cierto   Falso

8. Lituche es responsable por la flora y fauna de la tierra.   Cierto   Falso

3-7 Correcciones. Ahora corrija las oraciones falsas del ejercicio **3-6** con la información correcta.

_____

_____

_____

_____

3-8 Mitos. En su opinión, ¿es este mito similar a los mitos de otras tradiciones? ¿De qué manera?

_____

_____

_____

3-9 Póngalo en práctica. En la lectura anterior, examine los verbos que aparecen en negrita (*boldface*) y seleccione el tipo de información que cada verbo expresa.

1. había   **a.** background information   **b.** specific information about what occurred
2. ocupaba   **a.** background information   **b.** specific information about what occurred
3. decidió   **a.** background information   **b.** specific information about what occurred
4. lanzó   **a.** background information   **b.** specific information about what occurred
5. quería   **a.** background information   **b.** specific information about what occurred
6. abrió   **a.** background information   **b.** specific information about what occurred
7. abrió   **a.** background information   **b.** specific information about what occurred
8. se sentía   **a.** background information   **b.** specific information about what occurred
9. envió   **a.** background information   **b.** specific information about what occurred
10. sentía   **a.** background information   **b.** specific information about what occurred
11. empezó   **a.** background information   **b.** specific information about what occurred
12. llenaron   **a.** background information   **b.** specific information about what occurred

3-10 Otra versión. Cuente brevemente la historia/el mito de la creación del mundo que viene de su tradición o cultura.

3-11 Semejanzas y diferencias. Indique las diferencias entre su versión y la de la lectura. ¿Son distintas las historias? ¿Son los detalles distintos? ¿Hay semejanzas? ¿Cuáles son?

_____

_____

_____

_____

Aclaración y expansión

3-12 Hablando ahora de los aztecas. Use la forma correcta del pretérito o del imperfecto de los verbos entre paréntesis para completar el siguiente párrafo sobre otro mérito indígena.

Los aztecas (1) _____ (ser) un pueblo

que (2) _____ (vivir) en lo que hoy

es Mexico. Ellos (3) _____ (saber)

mucho sobre la agricultura y (4) _____

(tener) cultivos abundantes. Además, ellos

(5) _____ (alcanzar) un alto nivel

de desarrollo técnico. Los aztecas, por ejemplo,

(6) _____ (inventar) un tipo de jardín

flotante para convertir las tierras cenagosas (*muddy*) en tierra firme garantizando así el cultivo de los alimentos.

En estos jardines flotantes ellos (7) _____ (cultivar) productos alimenticios como el maíz.

Para elaborar los jardines flotantes, los aztecas (8) _____ (cruzar) la corteza (*bark*) de

árboles, en forma de tejido (*weaving*), para formar un tipo de alfombras (*carpets*) grandes donde luego

(9) _____ (acumular) tierra que (10) _____ (clavar-*to nail*) con unas

estacas (*stakes*) en el lago. Las alfombras, que se llamaban *chinampas*, casi nunca (11) _____

(hundirse). Era un sistema que (12) _____ (funcionar) bien para ellos y que se sigue usando

ahora.

3-13 La Piedra de Sol. Examine los verbos en negrita y escoja el uso del pretérito o del imperfecto para cada uno.

El calendario azteca, uno de los varios artefactos precolombinos que han perdurado (*endured*) a lo largo del tiempo, **pertenecía**[1] a la cultura mexica, a la antigua historia mesoamericana. Esta enorme escultura se **construyó**[2] de piedra y **pudo**[3] haber funcionado como la base del sistema de calendarios solares y rituales. También posiblemente **sirvió**[4] como un comienzo de las complejas observaciones y avances en la astronomía. Los investigadores nunca **señalaron**[5] el lugar original de este artefacto, pero si **determinaron**[6] que se **encontraba**[7] en algún sitio de la plaza principal de Tenochtitlán, donde **estaban**[8] el Templo Mayor y los principales edificios de culto y poder político. Hoy en día, este monolito está en exposición en el Museo de Antropología en la ciudad de México.

Verbo	Función en contexto
1. ____ pertenecía	**a.** background information
2. ____ construyó	**b.** event that took place
3. ____ pudo	**c.** ongoing action
4. ____ sirvió	**d.** event that occurs when another activity is in progress
5. ____ señalaron	
6. ____ determinaron	
7. ____ encontraba	
8. ____ estaban	

3-14 ¿Y los otros indígenas? Use la forma correcta del imperfecto de los verbos entre paréntesis para completar el siguiente párrafo sobre las costumbres de vivienda de los indígenas.

Los indígenas americanos (1) _____ (ser) grandes artesanos que

(2) _____ (aprovechar-*to take advantage of*) todo material a su alcance. En las zonas del

suroeste de Estados Unidos, por ejemplo, ellos (3) _____ (emplear) el adobe, un ladrillo

(*brick*) de barro (*clay*), agua y paja para construir las casas típicas del área. Los indígenas iroqueses, de la parte

noreste del país, (4) _____ (usar) ramas de árboles para construir sus enormes casas

comunales que podían alojar de cinco a veinte familias. Los indígenas de las praderas, por otro lado,

(5) _____ (tener) viviendas portátiles, o *tipis*, de piel o cuero. En las zonas más al norte, los

indígenas esquimales (6) _____ (construir) con el hielo que los rodeaba sus viviendas

semiesféricas conocidas como iglús.

3-15 Su turno. Compare el uso de materiales modernos con los de los indígenas de su país y escriba las diferencias y semejanzas. En su opinión, ¿cuáles son los beneficios y las desventajas de cada construcción de vivienda de los indígenas?

_____

_____

_____

_____

3-16 La casa de José María. Primera fase. A José María y a su familia les interesa mucho la ecología y por esa razón han decidido construir su nueva casa con adobe. En su opinión, ¿qué cosas cree usted que hizo la familia de José María en preparación para la construcción de su nueva casa? Escoja las opciones que le parecen a usted más apropiadas.

❑ Leyeron revistas que se especializan en métodos modernos de construcción.

❑ Contrataron un arquitecto.

❑ Evitaron obtener los permisos necesarios de la ciudad.

❑ Pasaron mucho tiempo buscando el lugar donde construir su casa.

❑ Consultaron a los expertos sobre las dimensiones.

❑ Visitaron el museo que exhibía fotos de los grandes edificios de Nueva York.

Segunda fase. Complete el siguiente párrafo sobre la experiencia personal de José María durante el primer día de construcción de su casa con la forma correcta del pretérito o el imperfecto.

(1) (Era / Fue) un día magnífico, (2) (hacía / hizo) sol, y un leve viento (3) (soplaba / sopló) y (4) (mecía / meció) (*to stir*) suavemente las ramas de los árboles, pero las nubes (5) (amenazaban / amenazaron) (*to threaten*) lluvia. Los albañiles (*bricklayers*) (6) (llegaban / llegaron) temprano ese día, (7) (dejaban / dejaron) sus cosas bajo uno de los árboles cercanos y se (8) (dedicaban / dedicaron) a mezclar las proporciones necesarias de barro, agua y paja. Por fin el material (9) (adquiría / adquirió) la consistencia adecuada y los obreros (10) (empezaban / empezaron) a formar grandes rectángulos con las adoberas. Luego, ellos (11) (ponían / pusieron) los rectángulos de adobe a secarse al sol, pero (12) (decidían / decidieron) no continuar hasta que las nubes no dieran mejores señas. Pasó rápido el tiempo y llegó la hora de almorzar; todos nosotros (13) (teníamos / tuvimos) hambre y (14) (almorzábamos / almorzamos) por una hora mientras los ladrillos se (15) (curaban / curaron). Este es un largo proceso que depende de la naturaleza.

3-17 De vuelta en Otavalo. ¿Recuerda la Plaza de los Ponchos del primer capítulo? Ahora complete los párrafos que siguen con la forma correcta del pretérito o del imperfecto que narran la experiencia de Miguel, un amigo suyo.

Cuando Miguel (1) _____ (estar) de visita en Ecuador el verano pasado,

(2) _____ (decidir) comprar unos recuerdos de su viaje para sus amigos y su familia.

Quería comprar cosas típicas del país y unos compañeros del instituto de lenguas en Quito le

(3) _____ (decir) que no podía perder la oportunidad de comprarlos en Otavalo.

Al siguiente fin de semana, Miguel (4) _____ (hacer) planes para ir a Otavalo y se

(5) _____ (ir) a la estación de autobuses para tomar el autobús a Otavalo. El boleto fue

muy económico y el viaje no (6) _____ (durar) mucho tiempo.

Durante el viaje a Otavalo, Miguel (7) _____ (leer) una carta de sus padres y también

(8) _____ (estudiar) unas páginas de una guía turística. Así (9) _____

(poder) informarse algo sobre el mercado indígena de la Plaza de los Ponchos. Cuando finalmente

(10) _____ (llegar) a Otavalo (11) _____ (dirigirse) directamente a la

Plaza de los Poncho; allí (12) _____ (comprar) un poncho, un suéter de lana, una figura de

madera, dos collares de mullo (*glass beads*) y una fuente de cerámica. Sólo le (13) _____

(preocupar) el espacio que ocuparían los recuerdos, pero (14) _____ (esperar) que todo le

cupiera (*would fit*) en su maleta.

3-18 El cuento de una novia enfadada. Examine la cronología de los eventos de ayer y diga lo que ocurrió. Use el pretérito o el imperfecto en su cuento.

Son las tres de la tarde.

Miriam y Miguel van a encontrarse en un café para ir al cine.

Miguel no recuerda la cita que hizo con Miriam y se va al mercado indígena.

Miguel está muy contento de estar en el mercado porque hay muchas cosas que comprar.

Miguel no llega al café y Miriam se enfada.

Miguel le pide disculpas a Miriam.

Miriam es muy orgullosa y no quiere ver más a Miguel.

Miriam y Miguel se separan.

3-19 Un día maravilloso. Imagine que usted pudo ir al mercado indígena y también a la cita con su novio/a o amigo/a. Diga cómo pasó la tarde.

3-20 Hablando de tejidos. Primera fase. Complete el siguiente párrafo sobre los tejidos mayas con la forma apropiada del pretérito o del imperfecto de los verbos entre paréntesis.

Las técnicas que **conocían** los mayas para crear sus artes manuales han sobrevivido hasta hoy.

Tradicionalmente, toda niña maya **sabía** tejer desde una edad muy temprana gracias a la instrucción que le

(1) _____ (dar) su madre a partir de los tres años. Esta tradición (2) _____

(cambiar) un poco con el tiempo, pero continúa. Hacía mucho tiempo, por ejemplo, que los habitantes de Cobal,

Guatemala, conocían la técnica de torcido o trenzado (*twist, braid*) en el telar y es una que todavía los identifica.

Un mito maya narra cómo Ixchel, la diosa de la luna, un día se sentó con las mujeres mayas, les

(3) _____ (enseñar) a tejer y les (4) _____ (revelar) los signos sagrados

que ella **quería** que usaran en sus creaciones. En aquella ocasión, las mujeres (5) _____

(aprender), por ejemplo, que la forma del diamante (6) _____ (representar) el universo,

un sapo **podía** servir como símbolo de un músico del cosmos, y la serpiente (7) _____

(simbolizar) la tierra. A partir de aquel momento las mujeres (8) _____ (empezar) a bordar

motivos de la naturaleza, el universo y su mitología.

Segunda fase. Ahora examine los verbos que aparecen en negrita en la *Primera fase* y escoja su significado.

1. conocían   **a.** were acquainted with   **b.** met

2. sabía   **a.** knew how to   **b.** found out

3. quería   **a.** wanted   **b.** tried

4. podía   **a.** could   **b.** managed to

3-21 De intérprete. Usted y su amiga, una entusiasta del ceramista mexicano Gustavo Pérez, fueron a México de vacaciones. Entraron a una sala de exhibiciones de una pequeña galería de arte y vieron a Gustavo Pérez en persona. Su amiga no hablaba nada de español, así que usted tuvo que ser su intérprete. Escriba en español los verbos que aparecen en negrita.

"Oh Mr. Pérez! It is such a pleasure to see you again. We **met** once a long time ago when my family first visited México, but I'm sure you don't remember me. I am a huge fan of your work. I **tried** to come to México several times, but never **managed** to do it until now, and when I **found out** that your work was at this gallery, I had to come."

1. We met: _____

2. I tried: _____

3. I never (*nunca*) managed: _____

4. I found out: _____

3-22 ¿Y usted, a quién admira? Ahora es su turno de describir a un/a artista o artesano/a famoso/a. ¿Qué edad tenía cuando descubrió a este/a artista? ¿Cómo descubrió usted a este/a artista? ¿Por qué lo/la admiraba tanto? ¿Sigue admirándolo/la ahora?

_____

_____

_____

_____

Ventanas al mundo hispano

3-23 ¿Tenía razón? Primera fase. Vuelva a las oraciones que marcó en la actividad **3-11** del libro de texto y haga una lista de sus predicciones que fueron correctas.

1. _____
2. _____
3. _____
4. _____
5. _____
6. _____
7. _____
8. _____
9. _____
10. _____

Segunda fase. Ahora corrija las oraciones incorrectas.

1. _____
2. _____
3. _____
4. _____
5. _____
6. _____
7. _____
8. _____
9. _____
10. _____

3-24 Asociaciones. Asocie los nombres con la información que les corresponde, según el video.

1. _____ Guelaguetza…   **a.** llevaban trajes típicos.
2. _____ La sierra Juárez…   **b.** significa regalo.
3. _____ Muchas mujeres…   **c.** es una canción tradicional.
4. _____ La sandunga…   **d.** también participó en este festival.
5. _____ El pavo…   **e.** es una de las siete regiones de Oaxaca.

3-25 Vamos a resumir. Seleccione la afirmación que mejor resume el tema del video que acaba de ver.

1. _____ La Guelaguetza es un festival que se celebra en Oaxaca y en el que participan representantes de distintas comunidades indígenas.

2. _____ La Guelaguetza es un baile tradicional para celebrar el cumpleaños de la reina de Oaxaca.

3. _____ La Guelaguetza es una reunión de comunidades indígenas para protestar por su situación.

3-26 Mis impresiones de La Guelaguetza. Imagine que usted viajó a Oaxaca y participó en el festival de La Guelaguetza. Escríbale una carta a un/a amigo/a contándole sus impresiones. Puede incluir la siguiente información:

- cuándo llegó a México (piense en qué época del año se celebra La Guelaguetza) y dónde se quedó
- el lugar donde se celebró el festival
- las principales actividades del festival (¿Qué hacían los representantes de las distintas regiones? ¿Qué hacía la reina del festival mientras esto ocurría? ¿Qué hacía el público? ¿Qué hacía usted?)
- lo que más le gustó del festival y por qué

_____

_____

_____

_____

_____

_____

_____

_____

_____

3-27 Celebraciones. Asocie las celebraciones de la izquierda con los objetos que les corresponden.

1. _____ Día de la Independencia
2. _____ Día de Acción de Gracias
3. _____ Cumpleaños
4. _____ Día de las Brujas

a. regalos
b. pavo
c. dulces
d. fuegos artificiales (*fireworks*)

3-28 Una fiesta especial. Vuelva a sus notas de la *Tercera fase* de la actividad **3-15** del libro de texto. Un estudiante mexicano quiere entrevistarlo/a sobre esta festividad. Hable sobre esta celebración contestando sus preguntas.

1. ¿Cuáles son las características principales de esta celebración?
2. ¿Por qué le gusta a usted?
3. ¿Cómo fue la última vez que usted participó en esta celebración?
4. Cuente sobre algo especial que le ocurrió a usted o a alguna otra persona durante esta fiesta.

SEGUNDA PARTE

A leer

Preparación

3-29 Asociaciones. Primera fase. Asocie las palabras con su significado más apropiado.

1. _____ dios	**a.** cuento
2. _____ guerrero	**b.** ser omnipotente
3. _____ habitante	**c.** protagonista
4. _____ personaje	**d.** luchador, soldado
5. _____ relato	**e.** martirio
6. _____ sacrificio	**f.** residente

Segunda fase. Ahora use la forma correcta de algunas de las palabras en la primera lista para completar el siguiente párrafo.

Muchas fiestas y festivales hispanos hoy en día han combinado las tradiciones cristianas con las paganas.

De este modo, los (1) _____ (personas que viven en un lugar) han podido rendir culto al

(2) _____ (deidad) de la religión cristiana sin haber perdido la conexión con los rituales

de su pasado pagano. Otras fiestas, como la Semana Santa, han mantenido de forma casi intacta

el culto a la Virgen. Con frecuencia se ven desfilar (*to parade*) por las calles principales de los pueblos a

(3) _____ (sujetos) vestidos o disfrazados actuando el (4) _____

(historia) o el (5) _____ (sufrimiento) de esa personalidad histórica, religiosa o legendaria.

Muchas veces, hay música y bailes además de desfiles. Desde (6) _____ (combatientes)

a santos, de figuras paganas a cómicas, todos han sido causas para celebración.

3-30 Su fiesta favorita. ¿Tiene usted una fiesta favorita? Descríbala.

_____

_____

_____

_____

3-31 Significados. Primera fase. Asocie los verbos con su significado más apropiado.

1. _____ adorar	**a.** ofrecer a alguien por un tiempo
2. _____ agradecer	**b.** darse
3. _____ mentir	**c.** ser imagen o símbolo
4. _____ morir	**d.** tener miedo
5. _____ ofrecerse	**e.** no decir la verdad
6. _____ prestar	**f.** expirar
7. _____ representar	**g.** venerar y honrar
8. _____ temer	**h.** demostrar gratitud

Segunda fase. Ahora use la forma correcta en el presente o el infinitivo de las palabras de la primera lista para completar el siguiente párrafo.

La Semana Santa en Sevilla ha sido una de las celebraciones más importantes de la ciudad desde hace varios siglos. A lo largo de la ciudad, las cofradías (*brotherhoods*) de las parroquias (*parishes*) veneran y (1) _____ a la Virgen en la procesión hacia la catedral. Ellos (2) _____ la oportunidad de (3) _____ homenaje a Dios y a la Virgen. Los miembros de las cofradías (4) _____ nazarenos, penitentes, costaleros o acólitos. Todos tienen su función en la procesión. Los nazarenos llevan cirios (*candles*) largos o cortos según la seriedad de sus pecados. Los penitentes hacen auténtica penitencia, llevando una cruz (*cross*) de madera, caminando a pie en sacrificio y no (5) _____ el dolor. Los costaleros (6) _____ para llevar los pasos (*floats*) en modo de penitencia. Es una fiesta muy famosa a la que van más de un millón de visitantes, entre ellos varios turistas.

3-32 La fiesta de la Vaca Loca. Examine los eventos de una curiosa fiesta panameña que se ha hecho muy popular. Diga lo que ocurrió en la fiesta de la Vaca Loca el año pasado. Use el pretérito y el imperfecto en su narración.

La gente de La Colorada, Panamá, celebra una fiesta muy curiosa.

La gente la organiza en honor a los cazadores (*hunters*).

Unos hombres se visten de toros y vacas.

Las vacas locas y los toritos guapos tienen sus cuernos (*horns*) encendidos.

Muchas personas visitan La Colorada para participar en la fiesta.

La fiesta de la Vaca Loca es muy divertida.

3-33 Ahora usted. Imagine que usted estuvo en Sevilla durante la Semana Santa. ¿Con quién(es) fue? ¿Por qué decidieron participar? ¿Qué hacían los otros visitantes? ¿Cómo se sentía usted? Si es necesario, busque información sobre la Semana Santa de Sevilla en Internet.

_____

_____

_____

_____

Lectura

3-34 Infórmese sobre el tema. Por el título de la lectura, sabemos que el texto trata de un festival ecuatoriano. Piense en lo que ya sabe acerca de la región andina de América Latina. ¿Qué países están incluidos? ¿Dónde está Ecuador? Escriba una lista de todo lo que sabe acerca de Ecuador. Si es necesario, busque información en Internet.

_____

_____

_____

_____

3-35 Comprensión. Ahora lea el artículo, y seleccione la opción que mejor completa cada oración.

Ecuador: La fiesta de Mama Negra

La fiesta de Mama Negra se celebra en la ciudad de Latacunga, Ecuador, en homenaje a la Virgen de las Mercedes el 23 y 24 de septiembre. Esta fiesta junta diferentes tradiciones y por lo tanto representa un mestizaje o simbiosis de las numerosas culturas que se reunieron a lo largo de la historia ecuatoriana. Los latacungueños discuten, a veces con pasión, sobre las teorías del origen de Mama Negra, pero es algo que ha quedado todavía sin aclarar muy bien. Lo que sí se sabe es que en Ecuador se han reunido tradiciones folclóricas de grupos étnicos de origen nacional y de otros países. A causa de estos tres procedencias, Mama Negra es indígena, africana e hispana.

La riqueza étnica de la fiesta se refleja también en la variedad de personajes, máscaras, danzas, ritmos, canciones, comidas, bebidas y espectáculos. La Mama Negra es indígena en cuanto a su vestuario y las danzas que baila. Es negra por el color que pinta su cara y la de los hijos que la acompañan. Es hispana por su semejanza a los autos sacramentales españoles (pieza teatral). La fiesta en sí consiste de la cabalgata (*procession on horseback*) de la Mama Negra en ricos ropajes típicos de muchos colores que va cambiando en cada esquina del recorrido. Tiene dos acompañantes que llevan su vestuario y la asisten con el cambio de ropa. En las alforjas del caballo van dos muñecos negros que representan los hijos de Mama Negra y en sus brazos lleva a la hija menor a quien hace bailar con gestos picarescos. Esta fiesta constituye uno de los documentos folclóricos vivos del mestizaje cultural cuya fama ha roto las fronteras latinoamericanas.

1. La fiesta se celebra en…
    a. Quito.
    b. Guayaquil.
    c. Otavalo.
    d. Latacunga.

2. La fiesta se celebra en…
    a. septiembre.
    b. noviembre.
    c. octubre.
    d. febrero.

3. El/La protagonista de la fiesta es…
    a. el alcalde de Latacunga.
    b. los indígenas de Latacunga.
    c. la Mama Negra.
    d. los autos sacramentales.

4. El origen de la figura de Mama Negra es…
    a. una combinación de indígena, africano e hispano.
    b. una combinación de indígena y africano.
    c. africano.
    d. indígena.

3-36 En resumen. Indique por qué es importante esta fiesta. ¿Cuál es su valor cultural? ¿Por qué es popular? ¿Le parece divertida? ¿Por qué o por qué no?

_____

_____

_____

Aclaración y expansión

3-37 De visita a Latacunga. Imagínese que usted va a visitar Latacunga para participar en la fiesta de Mama Negra. Seleccione las actividades que ha hecho en preparación para el viaje.

- ❑ He hecho la reservación de avión.
- ❑ He pagado un depósito en la agencia de viajes.
- ❑ He reservado un hotel en Latacunga.
- ❑ He consultado Internet para saber más sobre Panamá.
- ❑ He obtenido un pasaporte.
- ❑ He ido de compras en busca de un traje de baño.
- ❑ He conseguido dinero de mis padres.

3-38 Lo que queda por hacer. Ahora haga una lista de tres cosas que todavía no ha hecho.

1. _____

2. _____

3. _____

3-39 En vísperas de la fiesta. Imagínese que ahora está en Latacunga. Indique las cosas que usted y sus nuevos amigos ecuatorianos han hecho desde que llegó a Latacunga, y siga el modelo.

Modelo: Ir a un pueblo cercano
Hemos ido a un pueblo cercano.

1. Hacerse amigos _____.

2. Salir por la noche _____.

3. Volver muy tarde por la noche _____.

4. Comer comida típica de la zona _____.

5. Visitar un pequeño museo _____.

6. Conocer un poco la ciudad _____.

3-40 Después de la fiesta. Describa tres cosas que ha hecho la Mama Negra durante la procesión.

1. _____

2. _____

3. _____

Algo más

3-41 ¿Cómo están los preparativos? Los habitantes de Latacunga están preparándose para la fiesta de Mama Negra del próximo año. Indique lo que ya han hecho, y siga la estructura del modelo.

MODELO: Han establecido un recorrido nuevo.
              Un recorrido nuevo está establecido.

1. Han seleccionado a los actores profesionales.

_____

2. Han diseñado el vestuario típico.

_____

3. Han hecho el plan detallado.

_____

4. Han contratado los policías para la fiesta.

_____

A escribir

3-42 Mitos y leyendas. Escoja uno de los siguientes temas y desarróllelo según las instrucciones.

1. Las ciudades perdidas. Seleccione uno de los siguientes sitios y relate el mito o leyenda que se asocia con el lugar.

- Shangri-la
- Pirámides egipcias
- Pirámides mayas
- Cartago
- Stonehenge
- Cuzco

2. Mitos en la literatura. Seleccione uno de los siguientes lugares y relate brevemente la leyenda que se asocia con él. Incluya la acción y descripciones del lugar y de sus personajes.

- Hogwarts (*Harry Potter*)
- Narnia (*The Chronicles of Narnia*)
- Middle Earth (*Lord of the Rings*)
- Neverland (*Peter Pan*)
- Camelot (*King Arthur and the Knights of the Round Table*)

3. Una nueva leyenda. Ahora es su turno de narrar una leyenda. Fíjese en los usos del pretérito y del imperfecto que se explican en el texto y use su imaginación para escribir una leyenda original. Haga lo siguiente:

- Dé los nombres de los protagonistas y el nombre de la comunidad donde viven.
- Describa los sentimientos de sus protagonistas.
- Hable de su vestuario.
- Narre lo que ocurrió.
- Especifique las tensiones que se asocian con la acción principal.
- Déle un desenlace a su leyenda.

_____

_____

_____

_____

_____

_____

_____

_____

A explorar

3-43 Mitología. Investigue los siguientes temas en Internet.

1. **La mitología griega.** Investigue el mito que se asocia con Zeus: quién era, dónde vivía, cómo era su familia y las cosas que hizo.

2. **Otros mitos.** Investigue en el Internet los mitos que se asocian con Aquiles y Orfeo y prepárese para resumirlos en sus propias palabras.

4

La cultura y el arte

PRIMERA PARTE

A leer

Preparación

4-1 Materia prima. Primera fase. Ponga las siguientes palabras en la categoría que más les corresponde.

adobe   hueso   madera
arcilla   ladrillo   paja
cobre   lana   piedra
fibra

Animal	Mineral	Vegetal

Segunda fase. Ahora seleccione el material más apropiado para la fabricación o construcción de los siguientes objetos.

1. una casa
   a. adobe
   b. cobre
   c. hueso

2. una manta
   a. piedra
   b. fibra
   c. ladrillo

3. una pared
   a. hueso
   b. ladrillo
   c. lana

4. un puente
   a. cobre
   b. lana
   c. madera

5. un suéter
   a. adobe
   b. paja
   c. lana

6. una escultura
   a. cobre
   b. lana
   c. paja

4-2 Los oficios. Primera fase. Asocie los oficios con el material o instrumento más apropiado.

1. _____ agricultor
2. _____ arquitecto
3. _____ escritor
4. _____ escultor
5. _____ pintor
6. _____ músico

a. pintura
b. piedra
c. violín
d. pared
e. plantas
f. palabras

Segunda fase. Ahora indique el lugar donde generalmente se practican los oficios de la primera lista.

1. _____ agricultor
2. _____ arquitecto
3. _____ escritor
4. _____ escultor
5. _____ pintor
6. _____ músico

a. en el exterior
b. en el interior
c. ambos

4-3 ¿Qué prefiere? Examine los seis oficios del ejercicio **4-2** e indique cuál le parece más interesante. Explique por qué.

_____

_____

_____

_____

4-4 Cada cual a lo suyo. Seleccione las actividades que le corresponden a cada profesional.

1. El agricultor salió al campo a ver su (cuento / cosecha / mural).

2. La arquitecta examinó los planos de su (retrato / escultura / puente).

3. El escritor pasó mucho tiempo redactando (el cuento / la cosecha / el mural).

4. El busto de la presidenta fue el/la mejor (retrato / escultura / puente) de aquella escultora.

5. Los muralistas usaron escaleras para pintar la parte superior (del cuento / de la cosecha / del mural).

6. Aquellos pintores se dedicaron a pintar (retratos / esculturas / puentes) de los políticos.

4-5 Su oficio preferido. Seleccione uno de los oficios mencionados en los ejercicios anteriores y describa dónde se realiza el trabajo, con quienes se hace el trabajo, si se necesita un tipo de educación formal o informal para hacer el trabajo, y las herramientas (*tools*) que se necesitan.

_____

_____

_____

4-6 El arte como expresión. Primera fase. Asocie las siguientes palabras con su significado.

1. _____ retrato
2. _____ dibujo
3. _____ escultura
4. _____ museo
5. _____ paisaje
6. _____ maestro

a. lugar que cuida y expone objetos artísticos
b. ilustración
c. panorama
d. experto
e. dibujo o foto de la figura de una persona
f. estatua o monumento

Segunda fase. Use la forma correcta de las palabras de la primera lista para completar el siguiente párrafo.

No se sabe exactamente en qué momento el hombre empezó a expresarse de forma artística, pero sí quedaron algunos ejemplos de estos intentos (*attempts*) en las cuevas prehistóricas donde (1) _____ rudimentarios fabricados con productos vegetales dejaron huellas de animales que habitaban el mundo en aquel entonces. No son (2) _____ de individuos o (3) _____ complejos o sofisticados de un lugar. A veces, son escenas de cazas o símbolos simples. Ahora, algunos de nosotros tenemos inquietudes artísticas y las ponemos en práctica sin un fin mercantil sino como una actividad de ocio o pasatiempo. Obviamente, hay otras personas que dibujan o pintan después de haber estudiado con algún

(4) _____ famoso o en alguna escuela de arte. Con frecuencia vemos pinturas,

(5) _____ o murales en lugares públicos como hospitales, edificios comerciales y parques.

Pero, para obtener una obra en específico es necesario ir a una galería especializada o visitar los

(6) _____ para ver las exposiciones de obras que a veces están a la venta.

4-7 Su turno. ¿Se acuerda cuándo vio usted su primera obra de arte? ¿Era un cuadro, un mural o una escultura? Describa la obra de arte. ¿Dónde la vio? ¿Qué edad tenía usted? ¿Le gustó? ¿Por qué?

_____

_____

_____

_____

Lectura

4-8 Infórmese sobre el tema. Por el título, es evidente que el siguiente texto es la biografía de un artista. ¿Qué tipo de información espera encontrar en una biografía? ¿Sabe algo sobre este artista?

_____

_____

_____

4-9 Familiarícese con el texto. Lea rápidamente el texto y anote todos los términos y nombres de lugares que reconozca en preparación para una lectura más detenida (*slower*). Después de leer el texto más cuidadosamente, conteste las siguientes preguntas.

Fernando Botero

Fernando Botero es un pintor y escultor colombiano cuyo estilo monumental, cómico, irónico e ingenuo se combina con su gran talento. Las suaves e infladas figuras de sorprendente proporción son instantáneamente reconocidas y reflejan el anhelo (*desire*) del artista de dar volumen, presencia y realidad a sus imágenes. Los parámetros de proporción en sus obras son innovadores y casi siempre sorprendentes. El artista se apropia de (*to take ownership of*) temas medievales, renacentistas, coloniales y contemporáneos y los transforma para hacerlos suyos mediante su original estilo.

Botero nació en Medellín, Colombia en 1932 y se entrenó como matador desde la edad de los doce años, pero también mostró interés por el arte desde una temprana edad. La plaza de toros fue uno de los temas de sus primeros dibujos, pero se inicia su actividad artística en 1948 como ilustrador del periódico *El Colombiano*, al mismo tiempo que participa en su primera exposición conjunta, la Exposición de Pintores Antioqueños en Medellín. Tres años más tarde se traslada a Bogotá y celebra su primera exposición individual (*Mujer llorando*, 1949). En 1952, viaja a España donde estudia en la Academia San Fernando y asiste al Museo del Prado donde estudia y copia las obras de Diego Velázquez y Francisco de Goya. Entre 1953 y 1955, viaja a Francia e Italia y estudia la historia del arte en la Academia de San Marcos en Florencia. En 1955, vuelve a Colombia por un año antes de ir a México donde conoce a Rufino Tamayo y José Luis Cuevas, y produce por primera vez un dibujo (*Naturaleza muerta con violín*, 1956) con lo que ahora conocemos como las imágenes gigantescas que caracterizan el estilo de Botero. Luego visita Nueva York, donde se radica antes de asentarse en París en 1973.

Su arduo interés y afecto por el país en que creció se ve reflejado en los cuadros donde aparecen familias burguesas, funcionarios, hombres de estado, madonas, militares y opulentas imágenes de frutas exóticas. Estas imágenes representan individuos grotescamente gordos, monstruosos de un tamaño exagerado con los cuales celebra la vida de cada persona y objeto que retrata mientras ridiculiza su papel en la realidad.

Durante su estadía en Nueva York, se asocia con el arte popular de esta ciudad, el expresionismo neoyorquino. En 1973, Botero se va de Nueva York para París y allí empieza su oficio como escultor sin dejar por completo la pintura. Su arte tridimensional fue una progresión natural para un artista dedicado con gran afán a la expresión del volumen. En su escultura se ve la misma voluptuosidad e ingenuidad que caracteriza su pintura. Sus esculturas tratan figuras y animales de tamaños grandiosos y desproporcionados de gran singularidad realizados en bronce, mármol y resina fundida. El tratamiento extremo en sus proporciones de la figura humana es hoy una de las características inconfundibles de sus obras.

Hoy Botero vive entre París, Nueva York y Bogotá. Sus cuadros, esculturas y dibujos se exponen en las salas de museos alrededor del mundo.

1. ¿En qué países ha vivido Botero?

_____

2. ¿Qué tipo de arte produce?

_____

3. ¿Cómo se caracterizan sus obras? ¿Tiene un estilo en especial?

_____

4. ¿Por qué pinta Botero escenas con personajes colombianos?

_____

4-10 Los estudios de Botero. Mencione los artistas con quienes tuvo contacto o a quienes copió Botero. ¿Sabe usted quiénes son? Busque información sobre ellos y su producción artística. ¿Qué tipo de obras producen? ¿Tienen un estilo en particular?

_____

_____

_____

_____

Aclaración y expansión

4-11 Para ser un/a artista. Indique qué se hace antes de empezar una carrera como artista. Use la construcción impersonal, siguiendo la estructura del modelo.

MODELO: Estudiamos las técnicas.
  Se estudian las técnicas.

1. Asistimos a una escuela de bellas artes. _____

2. Visitamos museos. _____

3. Copiamos las obras de los maestros. _____

4. Tomamos clases de dibujo. _____

5. Aprendemos sobre los diferentes movimientos artísticos. _____

6. Tenemos interés en mejorar las pinceladas (*brushstrokes*). _____

4-12 Use su imaginación. Imagínese que usted es muralista. Indique tres cosas que se hacen antes, durante y después de pintar una mural, usando la construcción impersonal de los verbos. Las expresiones de la lista le pueden ser útiles.

mezclar las pinturas   preparar las brochas y pinceles

usar herramientas especializadas   poner los toques finales

trazar las imágenes en carbón   firmar la obra

limpiar la pared

1. Antes de pintar, _____.

2. Mientras se pinta, _____.

3. Después de pintar, _____.

4-13 Una beca para un/a artista joven. Imagínese que usted tiene la responsabilidad de crear el anuncio para una beca para jóvenes artistas. Use la construcción impersonal para indicar la cantidad de la beca, las condiciones para ser candidato/a, y la fecha límite para solicitar.

Verbos posiblemente útiles

aceptar	otorgar
limitar	

_____

_____

_____

_____

4-14 Un breve resumen. Use las ideas a continuación sobre el muralismo y la construcción impersonal para dar un breve informe sobre lo que se hacía en los murales.

- incorporar los ideales revolucionarios y de la paz política en el muralismo
- producir el muralismo como resultado de la revolución mexicana
- asociar el muralismo con un carácter intelectual
- resistir a la tradición
- retratar la realidad de la aristocracia mexicana
- producir murales por primera vez en México después de 1910
- pintar murales en Estados Unidos también
- empezar a crear murales mexicanos con un fin social y económico

4-15 Más sobre los murales. Teniendo en cuenta todo lo que aprendió sobre los murales, conteste las siguientes preguntas: ¿Qué ideales se adoptaron? ¿Qué se retrata? ¿Qué fin tienen estas obras?

_____

_____

_____

_____

4-16 Ahora usted. Primera fase. Imagine que a su comunidad le interesa tener un mural en la entrada de la biblioteca pública y usted está a cargo (*in charge*) de este proyecto. Indique las imágenes que se incluyen, la idea/emoción que se comunica al público, los fondos que se necesitan y el personal al que se va a contratar.

_____

_____

_____

_____

Segunda fase. Ahora haga una lista de tres cosas más que se hacen para crear un buen mural.

Modelo: *Se pintan símbolos con los cuales el público se identifica fácilmente.*

1. _____ .

2. _____ .

3. _____ .

Ventanas al mundo hispano

4-17 Vamos a resumir. Seleccione la frase que mejor resume el tema del video que acaba de ver.

1. _____ Las principales contribuciones del imperio inca y sus efectos en el mundo actual

2. _____ Las características más importantes de la ciudad de Machu Picchu y los conocimientos avanzados de los incas

3. _____ La ubicación geográfica de Machu Picchu

4-18 Una ciudad donde vivir. Seleccione todos los siguientes aspectos que usted considera más importantes en una ciudad.

1. _____ Debe ser grande.

2. _____ Debe tener buenas escuelas.

3. _____ Debe tener una universidad.

4. _____ Debe tener un sistema de transporte público adecuado.

5. _____ Debe tener muchos parques.

6. _____ Debe ofrecer una variedad de oportunidades de trabajo para sus habitantes.

7. _____ Debe haber seguridad.

8. _____ Las casas deben ser accesibles económicamente.

9. _____ Debe estar cerca de la playa.

10. _____ Debe tener una población diversa.

4-19 ¿Viviría en Machu Picchu? Mire las oraciones que marcó en el ejercicio **4-18** y decida si Ud. podría vivir en Machu Picchu. Mencione las razones de su decisión.

4-20 Allí y entonces. Imagine la vida cotidiana en la época de los incas y escriba un relato describiendo sus principales actividades. Puede usar las siguientes preguntas como guía.

1. La ciudad de Machu Picchu estaba ubicada en las remotas cumbres de los Andes. ¿Por qué cree usted que fue construida allí? ¿Qué sistemas de comunicación se utilizaban para trasmitir información?

2. Los incas usaban terrazas como tierras de cultivo. ¿Qué cultivaban? ¿Qué comían los incas?

3. Los incas crearon complejos sistemas de irrigación. ¿Para qué necesitaban el agua?

4. Los incas construyeron templos, palacios y fortalezas. ¿Quiénes vivían en ellos? ¿Qué función cumplían estas construcciones? ¿Utilizaban la piedra o la madera para construir estos edificios?

5. Los incas, como otras grandes civilizaciones prehispánicas, tenían avanzados conocimientos astrológicos. ¿Para qué utilizaban estos conocimientos? ¿Qué estudiaban para tener estos conocimientos? ¿Dónde estudiaban? ¿En qué idioma se comunicaban los incas?

_____

_____

_____

_____

_____

4-21 Aquí y ahora. Por alguna causa desconocida, los habitantes de la ciudad donde usted vive han perdido la memoria. Usted es el único/la única sobreviviente de este trágico incidente y debe ayudar a los residentes de su ciudad a recordar las características principales del lugar donde viven. Conteste sus preguntas.

1. ¿Cómo es la ciudad? ¿Qué características tiene?

2. ¿Qué se sabe de esta ciudad? ¿Qué problemas tiene?

_____

_____

_____

_____

_____

_____

_____

_____

SEGUNDA PARTE

A leer

Preparación

4-22 Asociación. Asocie las palabras con su significado.

1. _____ adorno
2. _____ arco
3. _____ maqueta
4. _____ pared
5. _____ plano
6. _____ puente
7. _____ rueda
8. _____ ruinas

a. mapa u otra representación gráfica de un lugar

b. lo que se pone para embellecer a personas o cosas

c. máquina elemental, en forma circular

d. construcción curva que se apoya en dos pilares o puntos fijos

e. modelo en tamaño reducido de algo

f. restos de unos edificios destruidos

g. obra de albañilería levantada en posición vertical

h. construcción sobre un río, foso o cualquier depresión del terreno que permite pasar de una orilla a otra

4-23 La labor del arquitecto. Ahora use las palabras de la lista anterior para completar el siguiente párrafo sobre el oficio del arquitecto.

El oficio del arquitecto es en parte arte, ciencia, técnica de proyectar y construcción de espacios. Para todo esto, el arquitecto debe considerar los siguientes factores: estética, forma, función, volumen, luz y economía.

En este oficio se trabaja con una serie de instrumentos y cálculos para crear (1) _____ (representaciones gráficas) e incluso construir una (2) _____ (modelo) de lo que sería una casa, un edificio o un (3) _____ (estructura construida sobre un cuerpo de agua). Se calcula el costo aproximado del proyecto y se crea una lista exhaustiva de los materiales indicados para los pilares, (4) _____ (formas curvas), (5) _____ (estructuras que dividen espacios y sostienen techos) y pisos. También se debe tomar en cuenta el valor estético del interior y el exterior del proyecto y especificar el tipo, calidad y tamaño de los (6) _____ (ornamentaciones) que se quiere incluir alrededor de las ventanas, las puertas y los corredores. Es una carrera donde la estética, el arte y la ciencia se reúnen.

4-24 Los edificios. Mire uno de los edificios de su universidad e indique el tipo de edificio que es. ¿Es contemporáneo? ¿Tiene muchos adornos? ¿Cómo son las paredes? ¿Qué materiales se usaron para crear el edificio?

_____

_____

_____

_____

4-25 Asociación. Primera fase. Asocie los verbos de la lista con sus sinónimos.

1. _____ apreciar
2. _____ arrastrar
3. _____ criticar
4. _____ comprobar
5. _____ cruzar
6. _____ conseguir
7. _____ diseñar
8. _____ mostrar
9. _____ parecer
10. _____ quedar

a. atravesar, pasar
b. verificar, confirmar
c. manifestarse, presentarse
d. trasladar, remolcar
e. censurar, reprobar
f. indicar, enseñar
g. esquematizar, trazar
h. seguir, continuar
i. valorar, estimar
j. obtener, alcanzar

Segunda fase. Ahora seleccione los verbos más apropiados para completar el siguiente párrafo sobre la arquitectura de los incas.

La cordillera de los Andes es una de las cadenas montañosas más escabrosas del mundo. Es la tierra de extremos ambientales: terremotos, erupciones volcánicas y violentas tormentas. Demasiado árida e inclinada para la vida normal, esta tierra (1) (parece / arrastra / consigue) no sólo difícil de (2) (quedar / mostrar / cruzar) sino también un lugar raro para cualquier tipo de construcción. No obstante, hace cinco siglos los incas (3) (confirmaron / consiguieron / criticaron) construir fabulosas ciudades en las nubes. Sus intrépidos ingenieros (4) (diseñaron / mostraron / quedaron) su pericia (*expertise*) al (5) (apreciar / criticar / arrastrar) enormes piedras para edificar sus fortalezas montañosas, además de un complejo sistema de carreteras y puentes suspendidos fabricados exclusivamente de caña (*reeds*). A pesar de no poseer el arco ni la rueda, pudieron llevar a cabo estas majestuosas obras de ingeniería que hoy podemos (6) (parecer / apreciar / comprobar) gracias a su longevidad.

4-26 Las construcciones indígenas. ¿Qué recuerda usted sobre las antiguas construcciones indígenas? ¿Quiénes construyeron Machu Picchu? ¿Qué otros avances lograron? Si no recuerda, puede buscar la información en Internet.

_____

_____

_____

_____

Lectura

4-27 Infórmese sobre el tema. Indique si las siguientes oraciones son **Ciertas** o **Falsas** de acuerdo con la información que acaba de leer en el ejercicio **4-25**.

1. Se usaba la piedra como materia prima de construcción.	Cierto	Falso
2. Se utilizaba la rueda para facilitar la construcción.	Cierto	Falso
3. Los ingenieros eran expertos.	Cierto	Falso
4. Su sistema de carreteras y puentes suspendidos de caña era muy simple.	Cierto	Falso
5. Se movían las piedras de una manera muy eficaz.	Cierto	Falso

4-28 Su turno. Compare el uso de materiales modernos con los de los indígenas y escriba las diferencias y semejanzas. En su opinión, ¿cuáles son los beneficios y las desventajas de la construcción de viviendas ahora?

_____

_____

_____

_____

4-29 Su proyecto de clase. La clase está discutiendo los diferentes tipos de viviendas. Usted tiene que buscar en Internet alguna información sobre viviendas ecológicas. ¿Hay en su país casas que usan materiales naturales? ¿Dónde? ¿Quiénes las construyen? ¿Son populares? ¿Por qué sí o por qué no?

_____

_____

_____

_____

4-30 Examine el texto antes de leerlo. Examine el dibujo que acompaña la siguiente lectura y luego seleccione la respuesta más apropiada.

1. Según el dibujo que acompaña al texto, este es un artículo que posiblemente se asocia con...
   a. la geografía.
   b. la literatura.
   c. las ciencias políticas.
   d. la arquitectura.

2. El tipo de información que va a encontrar en el artículo es...
   a. instrucción de cómo construir una casa de adobe.
   b. la historia de la región del Río Grande.
   c. el uso extensivo del barro como materia prima.
   d. un estudio sobre el arte.

4-31 ¿Qué sabe sobre el tema? Anote todo lo que sabe sobre cómo se hacen los ladrillos de adobe.

_____

_____

4-32 El texto. Ahora lea el artículo e indique si las siguientes oraciones son **Ciertas** o **Falsas**.

El barro (*clay*): una larga tradición arquitectónica y humana

El uso del barro que apreciamos en jarras, platos y cuencos (*bowls*) también se manifiesta de otras maneras. Las casas e iglesias de adobe de la región del Río Grande, por ejemplo, sirven como muestras de una larga tradición de autosuficiencia, donde se aprovechaban los materiales locales y la cooperación entre miembros de la familia y de la comunidad en la construcción de viviendas y otros edificios. Este método y estilo de construcción de los hispanos de Nuevo México proviene de las prácticas milenarias.

El barro es el material de construcción más antiguo que existe y, hoy en día, más de un tercio de los habitantes del planeta viven en casas de barro. En las cuevas prehistóricas, por ejemplo, ya se habían empezado a desarrollar algunas técnicas para el uso del barro. Luego, en el Medio Oriente se empezó a usar el barro de forma completa para conquistar el espacio exterior. También se utilizó el barro en proporciones distintas con elementos vegetales en las varias zonas de América y en África para darle color a sus estructuras. Finalmente, surgieron los grandes centros urbanos de barro en América, como Taos en Nuevo México, Paquimé en Chihuahua (México), La Venta en Tabasco (México), Joya del Cerén en El Salvador, Chan Chan y Tambo Colorado en Perú, y Tulor en Chile.

A partir del siglo XVI, el encuentro cultural en América y la riqueza cultural acumulada en los diferentes continentes generó un notable desarrollo de técnicas diversas que siguió evolucionando hasta fines del siglo XIX. El invento y popularización del cemento Portland y la viga de acero (*steel beam*) generaron la decadencia de la construcción de barro, pero a partir de los años sesenta, una serie de factores sociales, económicos y ambientales generaron una nueva popularidad de la construcción en tierra que incorporó algunos nuevos adelantos.

El barro es un material con un gran pasado, con un presente incierto y con un futuro lleno de promesas si las nuevas generaciones lo usan junto a los nuevos adelantos científicos y tecnológicos.

1. El uso del barro en la construcción de casas y edificios es nuevo. Cierto Falso

2. Muchas veces la construcción de una casa de barro cuenta con el trabajo colectivo. Cierto Falso

3. Aproximadamente la tercera parte de la gente vive en viviendas de barro. Cierto Falso

4. En Norteamérica hay varios centros urbanos con construcciones de barro. Cierto Falso

5. Las técnicas de barro mejoraron con el tiempo. Cierto Falso

6. La invención del cemento no redujo el uso de barro como material de construcción. Cierto Falso

4-33 Correcciones. Ahora examine las oraciones falsas de la previa actividad y corríjalas con la información correcta.

1. _____

2. _____

3. _____

4. _____

5. _____

6. _____

4-34 La casa de su infancia. Piense en la casa de su infancia y descríbala en detalle. Explique cómo era, su color y material, dónde estaba y lo que hacía usted cuando vivía allí.

Aclaración y expansión

4-35 Otra famosa artista mexicana.
Frida Kahlo fue la esposa de Diego Rivera, el famoso muralista. Ella llevaba una vida muy pintoresca y tenía un estilo muy original. Mire con cuidado las siguientes oraciones y fíjese en los objetos indirectos. Luego escriba las oraciones de nuevo, usando los pronombres de objeto indirecto según sea necesario. Siga el modelo.

Modelo: Frida Kahlo mostró sus cuadros a sus amigos.
Es verdad, *Frida Kahlo les mostró sus cuadros.*

1. Los cuadros de Frida Kahlo impresionaron a sus amigos.

   Es verdad, _____.

2. En sus cuadros Frida comunicó su sufrimiento al público.

   Es verdad, _____.

3. El director de la galería de arte pidió a Frida que exhibiera sus cuadros allí.

   Es verdad, _____.

4. Frida hizo unas preguntas al director de la galería antes de aceptar su invitación.

   Es verdad, _____.

5. Frida prestó sus cuadros a la galería.

   Es verdad, _____.

6. Otras galerías escribieron cartas a Frida y Diego Rivera pidiendo que mostraran sus cuadros.

   Es verdad, _____.

4-36 El famoso Botero.
Fernando Botero es otro artista bastante original. Mire con cuidado las siguientes oraciones, y fíjese en los objetos indirectos. Luego escriba las oraciones nuevamente usando los pronombres de objeto indirecto según sea necesario.

1. Fernando Botero hizo una donación de algunas ilustraciones al Museo Botero.

   _____

2. El Museo Botero dedicó un espacio especial a las obras del artista.

   _____

3. El Museo Botero trae cuadros de grandes artistas a todos los colombianos.

   _____

4. La colección del museo ofrece un enriquecimiento cultural al país.

   _____

4-37 Gustar y verbos semejantes. Use la forma correcta de los verbos y el objeto indirecto para completar las siguientes oraciones. Use el imperfecto.

1. Es cierto que vendí dos cuadros últimamente a un coleccionista inglés; eran los cuadros que a mí menos _____ (gustar).

2. Dicen que al coleccionista _____ (encantar) aquellos cuadros; pagó casi un millón de dólares por ellos.

3. A otros patrocinadores _____ (interesar) la escultura.

4. A nosotros _____ (parecer) mal que el artista pintara imágenes tan controvertidas.

5. A los parientes de la cantante _____ (caer mal) el biógrafo que iba a resumir su vida.

6. Con todo el dinero que dieron, a ellos _____ (quedar) poco dinero para sus hijos.

4-38 Hablando de su pasado. ¿Recuerda usted los dibujos que hacía para sus clases? ¿Le gustaba la clase de arte? ¿Por qué? ¿Qué dibujaba normalmente? ¿Es importante tener clases de arte en la educación primaria y secundaria? ¿Por qué o por qué no?

_____

_____

_____

_____

Algo más

4-39 Medidas del ciudadano medio (*average*). Seleccione cinco maneras en que el ciudadano medio puede contribuir a la conservación de los edificios, monumentos y hogares históricos.

❑ mantener los edificios antiguos en buen estado
❑ renovar exclusivamente usando los materiales que pertenecen a la época del edificio
❑ construir nuevos edificios más eficientes que los antiguos
❑ limitar la construcción en zonas históricas
❑ establecer estrictos códigos de construcción para los barrios residenciales fuera de la ciudad
❑ valorar la estética y técnicas antiguas

4-40 Medidas adicionales. Ahora indique otros medios que pueden ayudar a mantener los edificios y viviendas históricas de su ciudad.

_____

_____

_____

A escribir

4-41 ¡Vamos a narrar! Escoja uno de los siguientes temas y desarróllelo según las indicaciones.

1. **El valor del arte en el currículo.** Escriba un artículo para el periódico de su universidad sobre los beneficios de estudiar arte. Discuta las aplicaciones del arte en otras disciplinas y el valor de desarrollar el conocimiento histórico del arte o de desarrollar la habilidad de pintar, esculpir o dibujar.

2. **Algunos grandes maestros.** Su profesor le pide a usted y al resto de la clase que preparen un informe sobre algunos artistas hispanos importantes. Seleccione uno de ellos y escriba una breve biografía donde incluye algunos comentarios sobre su estilo artístico. Busque la información en Internet si es necesario.

   Antonio Tapies   Juan Gris

   Roberto Matta   José Clemente Orozco

   Oswaldo Guayasamín   El Greco

   Pablo Picasso   Francisco de Goya

   Salvador Dalí   Diego Velázquez

   Joan Miró

3. **Su mural.** Imagine que usted es un/una muralista que acaba de pintar un mural en el centro estudiantil de su universidad/colegio. Descríbalo e incluya las siguientes cosas:

   - el público que va a ver su mural
   - los protagonistas de su mural
   - los sentimientos/emociones de sus protagonistas
   - el vestuario de los personajes
   - lo que hacen los protagonistas y otros personajes en su mural
   - el mensaje que usted quiere comunicar

   _____

   _____

   _____

   _____

   _____

   _____

A explorar

4-42 Investigación. Investigue los siguientes temas en Internet.

1. **Frida Kahlo.** Busque en Internet algunos de los cuadros de Frida Kahlo. En su opinión, ¿qué los caracteriza?

2. **La arquitectura.** Investigue alguna información sobre las pirámides aztecas y mayas y prepárese para comentar por qué son importantes.

5
Los deportes y las actividades de ocio

PRIMERA PARTE

A leer

Preparación

5-1 Asociación. Conecte la palabra con la parte del cuerpo que corresponde.

a. cabeza   d. cuello   f. muslo

b. cadera   e. mano   g. rodilla

c. codo

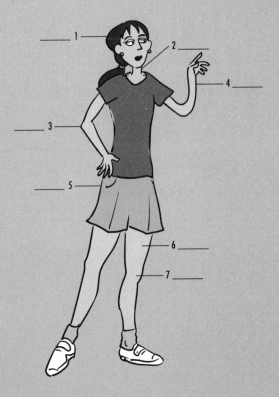

5-2 Las heridas y fracturas. Seleccione la parte del cuerpo que mejor completa cada oración.

1. Felipe fue a esquiar, se cayó y le duele una parte de las extremidades. Se fracturó el (cuello / ojo / codo).

2. Ana se cayó de la escalera y se golpeó la parte superior del cuerpo. Le duele la (rodilla / cabeza / mano).

3. Esteban y Juan tuvieron un accidente automovilístico y ambos se golpearon parte de las piernas. Les duelen las (manos / cabezas / rodillas).

4. Nosotros estuvimos mucho tiempo en el frío sin guantes (*gloves*); ahora tenemos las (manos / caderas / cabezas) congeladas (*frozen*).

5. Me chocaron por detrás y con el golpe me hice daño en la parte que conecta la cabeza con el resto del cuerpo. Me duele el (cuello / codo / pie).

6. Tú jugaste fútbol anoche y caíste de costado (*side*). Esta mañana te duele la parte superior de la pierna. Te molesta el (codo / cuello / muslo).

5-3 Su turno. ¿Ha tenido usted algún problema similar a los mencionados en el ejercicio **5-2**? ¿Cuándo lo tuvo? ¿Cómo ocurrió? ¿Dónde estaba? ¿Cuánto tiempo pasó así?

_____

_____

_____

_____

5-4 Sus actividades favoritas. Ahora escriba sobre sus actividades favoritas, la frecuencia con que las hace, con quién(es) las hace, y dónde las hace. Use de tres a cinco palabras de la lista a continuación.

ajedrez	cine	naipe	paseos
baraja	dominó	novelas	videojuegos

_____

_____

_____

_____

_____

5-5 El estrés: causas y síntomas. Primera fase. Seleccione las cosas que a usted le causan estrés y el tipo de síntomas que tiene.

Causas del estrés
❑ el trabajo
❑ las clases
❑ las relaciones interpersonales
❑ los deportes

Síntomas que siente
❑ cansancio
❑ dolor de cabeza o migrañas
❑ dolor de cuello
❑ insomnio
❑ pérdida de apetito
❑ ansiedad

Segunda fase. Usando la información de la *Primera fase*, escriba un párrafo sobre las causas del estrés en su vida y los síntomas del estrés que siente.

_____

_____

_____

_____

5-6 Posibles soluciones. ¿Qué cosas hace usted para controlar o evitar (*avoid*) el estrés? ¿Las hace individualmente, con los miembros de su familia o con sus amigos? ¿Las hace con mucha frecuencia?

_____

_____

_____

Lectura

5-7 Anticipe el contenido. Lea el título y seleccione la frase que indica lo que usted anticipa que va a aparecer en el texto.

❏ la facilidad de obtener trabajo

❏ la participación de los empleados en las decisiones administrativas en el trabajo

❏ la dificultad de adaptarse a nuevas circunstancias

❏ los efectos económicos de los cambios de trabajo

❏ el nivel de presión psicológica de los trabajadores

❏ las recomendaciones de psicólogos para superar el cambio de trabajo

5-8 Examine el texto. Ahora lea las primeras oraciones de los primeros tres párrafos. Seleccione lo que posiblemente va a tratar de hacer el artículo. OJO: Puede seleccionar más de un tema.

❏ dar datos basado en estudios científicos sobre el estrés

❏ definir el estrés de trabajo

❏ explicar las causas del estrés de trabajo

❏ indicar cómo el estrés de trabajo afecta a ciertos órganos del cuerpo

5-9 En resumen. Lea el texto con atención. Luego, indique si las siguientes oraciones son **Ciertas** o **Falsas** de acuerdo con la información que leyó.

El estrés en el lugar de trabajo hoy en día

El estrés de trabajo se ha hecho un problema costoso y común en el lugar de trabajo estadounidense, dejando a pocos trabajadores sin ser afectados. El estrés de trabajo se puede definir como una colección de reacciones físicas y emocionales nocivas (*harmful*) que resultan como consecuencia de la disparidad entre las exigencias (*demands*) del trabajo y las capacidades, los recursos o las necesidades del trabajador. Esta serie de reacciones, a largo plazo, pueden provocar un empeoramiento en la salud física y mental.

El concepto del estrés de trabajo muchas veces se confunde con el desafío (*challenge*), pero estos conceptos no son iguales. El desafío da vigor psicológica y físicamente, y nos motiva a aprender habilidades nuevas y llegar a dominar nuestros trabajos. En este sentido, el desafío puede ser un ingrediente importante del trabajo sano y productivo. Pero el estrés de trabajo ocurre cuando el desafío se convierte en exigencias del trabajo que no se pueden satisfacer, el esparcimiento (*recreation*) se convierte en agotamiento (*exhaustion*), y el sentido de satisfacción se convierte en estrés. En suma, se crea el marco para la enfermedad y el fracaso laboral.

El estrés de trabajo es un resultado de la interacción del trabajador y las condiciones en las que desempeña su trabajo. Sin embargo, las opiniones difieren sobre la importancia de las *características del trabajador* frente a la importancia de las *condiciones del trabajo* como la causa primera del estrés de trabajo. Según una corriente de opinión, las diferencias entre características personales como la personalidad y el estilo de sobrellevar el estrés son muy importantes en el momento de pronosticar si ciertas condiciones de trabajo resultarán en estrés. Aunque no se puede ignorar la importancia de las diferencias de cada uno, la evidencia científica sugiere que ciertas condiciones de trabajo son estresantes para la mayoría de la gente.

Condiciones que podrán causar el estrés

El diseño de los trabajos. Trabajo pesado, descansos infrecuentes, turnos y horas de trabajo largos.

El estilo de dirección. Falta de voz o participación de trabajadores en decisiones de la organización y falta de política favorable a la vida de familia.

Las relaciones interpersonales. Malos ambientes sociales y falta de apoyo o ayuda de compañeros y supervisores.

Las funciones del trabajo. Expectativas de trabajo mal definidas o imposibles de lograr.

Las preocupaciones de la carrera. Inseguridad de trabajo y falta de oportunidad para ascenso.

Las condiciones ambientales. Condiciones desagradables y peligrosas.

1. El estrés de trabajo es un problema aislado.   Cierto   Falso

2. Los problemas asociados con el estrés de trabajo son caros.   Cierto   Falso

3. Son pocas las personas que se ven afectadas por el estrés de trabajo.   Cierto   Falso

4. El estrés de trabajo puede producir mala salud física y mental.   Cierto   Falso

5. El desafío en el trabajo puede ser bueno si las metas se pueden lograr. Cierto   Falso

6. Las personas que sufren de estrés de trabajo están muy cansadas para disfrutar de su tiempo libre.   Cierto   Falso

7. En casos extremos, el estrés de trabajo puede causar la pérdida de empleo.   Cierto   Falso

8. La interacción negativa entre el individuo y las condiciones de trabajo producen el estrés.   Cierto   Falso

9. No está claro si las características personales o las condiciones del trabajo son la causa principal del estrés.   Cierto   Falso

10. Hay poca relación entre la participación del trabajador en la organización, la política relacionada con la vida familiar y el estrés.   Cierto   Falso

5-10 Oraciones falsas. Ahora, si la oración es falsa, corríjala con la información correcta.

_____

_____

_____

_____

5-11 El estrés de los estudiantes. Las obligaciones de los estudiantes universitarios también pueden causar estrés. ¿Es semejante el estrés que sufren los estudiantes al del estrés de trabajo? ¿Cuáles son la semejanzas y las diferencias?

_____

_____

_____

_____

Aclaración y expansión

5-12 Algunos síntomas. Seleccione el objeto directo en cada oración.

1. Las operadoras tienen dolores de cabeza todas las tardes.

2. Sufro insomnio desde que empecé a trabajar con la compañía.

3. Tienes indigestión todos los días desde que empezaste a comer en la cafetería.

4. El jefe tiene palpitaciones del corazón.

5. Nosotros sentimos ansiedad cuando tenemos que trabajar bajo presión.

6. Los trabajadores pierden la paciencia al conducir a casa.

7. La psicóloga les diagnosticó depresión a varios trabajadores.

8. La directora padece episodios de irritabilidad con más frecuencia.

5-13 En sus propias palabras. Ahora escriba nuevamente los síntomas del ejercicio **5-12**, pero esta vez use los pronombres de objeto directo en cada oración.

Modelo: Tienes estrés en casa y en el trabajo.

Lo tienes en casa y en el trabajo.

1. _____
2. _____
3. _____
4. _____
5. _____
6. _____
7. _____
8. _____

5-14 Algunas soluciones. Seleccione el objeto directo en cada oración.

1. Voy a tomar aspirinas para el dolor de cabeza.

2. No vamos a ver televisión esta noche.

3. Vas a comprar antiácidos en la farmacia.

4. Jorge va a llamar a su médico.

5. Ellas van a tomar una clase en el YMCA.

6. Ustedes van a dar sugerencias a los empleados.

5-15 En sus propias palabras. Ahora, escriba nuevamente las oraciones del ejercicio **5-14** con la forma correcta de los pronombres de objeto directo necesarios. Siga la estructura del modelo.

Modelo: Voy a leer el artículo sobre los alimentos nutritivos esta mañana.

Lo voy a leer esta mañana. / Voy a leerlo esta mañana.

1. _____
2. _____
3. _____

4. _____

5. _____

6. _____

5-16 Las actividades de ocio. Para relajarse, a usted le gusta jugar juegos de mesa con sus amigos. Escriba sus reacciones a las siguientes situaciones. Use el pronombre de objeto directo necesario, como en el modelo.

MODELO: Su amigo hace trampa (*cheats*).
   Yo la hago también. / Yo no la hago.

1. Sus amigos traen bebidas.

_____

2. Marta pone música horrible.

_____

3. Eduardo pide dos pizzas.

_____

4. Felipe explica las reglas del juego.

_____

5. Carolina distribuye los naipes.

_____

6. Federico y Pepe ayudan a Mario a limpiar.

_____

7. Margarita deja basura sobre la mesa.

_____

8. Luis quiere invitar a su novia.

_____

5-17 Un torneo de ajedrez. En su universidad, va a haber un torneo de ajedrez y usted está a cargo de organizarlo. Escriba las cosas que ya hizo en preparación para el torneo. Use el pronombre de objeto directo necesario, como en el modelo.

MODELO: Consultar al director de eventos
   Lo consulté.

1. Reservar las salas _____

2. Solicitar fondos para el evento _____

3. Poner los anuncios en el diario _____

4. Pedir ayuda a otros estudiantes _____

5. Dar instrucciones a los estudiantes _____

6. Comprar el trofeo _____

7. Mandar las invitaciones _____

8. Colocar las mesas en su lugar _____

5-18 Después del torneo. Indique lo que hicieron las siguientes personas después del torneo. Escriba oraciones completas con los siguientes elementos, usando el pretérito y el pronombre de objeto directo adecuado.

MODELO: El campeón / felicitar / a mí
El campeón me felicitó.

1. Los estudiantes / devolver / las mesas _____

2. Mucha gente / aplaudir / a nosotros _____

3. María / ayudar / a los estudiantes _____

4. El rector / felicitar / a nosotros / por nuestro trabajo _____

5-19 El viaje a Sevilla. Para relajarse, usted está considerando viajar a la ciudad de Sevilla con unos amigos. Escriba una breve nota que indica quiénes hicieron los siguientes preparativos. Responda a las preguntas a continuación, usando el pronombre del objeto directo.

1. ¿Quién hizo las reservaciones de hotel?

2. ¿Quién recogió los billetes?

3. ¿Quién les dio el dinero para los billetes?

4. ¿Quién alquiló el coche?

5. ¿Quién no quiso comprar euros inmediatamente?

5-20 La reducción del estrés. En su opinión, ¿cuáles son las actividades más importantes para evitar el estrés mientras alguien es estudiante universitario/a? ¿Es posible practicarlas en la universidad? ¿Con qué frecuencia las debemos hacer? ¿Usa usted algunas estrategias específicas para relajarse? ¿Cuáles son?

_____

_____

_____

_____

Ventanas al mundo hispano

5-21 Deportistas famosos del mundo hispano. ¿Sabe quiénes son? Identifique las personas con la información que mejor corresponde. Puede buscar más información en Internet.

1. _____ Rafael Nadal   **a.** campeón mundial de ajedrez de Cuba

2. _____ Alex Rodríguez   **b.** futbolista argentino

3. _____ Cecilia Tait   **c.** voleibolista de Perú

4. _____ José Raúl Capablanca **d.** jugador de béisbol

5. _____ Diego Armando Maradona **e.** tenista español

5-22 Asociaciones. Asocie las palabras con los deportes que corresponden.

1. _____ pelota de caucho   **a.** béisbol

2. _____ raqueta   **b.** ajedrez

3. _____ bate   **c.** fútbol

4. _____ arco   **d.** juego de pelota

5. _____ rey   **e.** tenis

5-23 Los deportes y usted. ¿Practica usted algún deporte? ¿Cuál? Si no practica ningún deporte, ¿es aficionado/a a alguno? Identifique su deporte favorito e indique las características más importantes del mismo. Incluya en su descripción el número de jugadores, lo que se necesita para practicarlo, el uniforme o la ropa que normalmente se usa, las reglas más importantes y la duración de un partido.

_____

_____

_____

_____

_____

_____

5-24 Un partido inolvidable. Piense en su deporte favorito y escriba una narración de un partido inolvidable en el que usted participó como jugador/a o como aficionado/a. Indique en su narración cuándo y dónde ocurrió este partido, cuáles fueron los eventos o momentos más importantes, y por qué lo considera inolvidable.

5-25 Los deportes y el dinero. En el video se menciona que los jugadores de los equipos nacionales y de las grandes ligas y clubes deportivos reciben muchísimo dinero por su participación. ¿Qué opina usted sobre esto? Conteste las siguientes preguntas dando su opinión al respecto.

1. ¿Cree que los jugadores que son seleccionados para representar a sus países deberían hacerlo sin recibir dinero? ¿Por qué?

_____

_____

2. ¿Piensa que los deportistas universitarios deberían recibir reconocimiento académico por su participación? ¿Por qué sí o por qué no?

_____

_____

3. ¿Está de acuerdo en poner límites al salario que reciben los deportistas profesionales? ¿Por qué sí o por qué no?

_____

_____

5-26 Pasatiempos e identidad. En la actividad **5-14** del Capítulo 5 del libro de texto usted reflexionó sobre el deporte como una marca de identidad de los países de habla hispana. Discuta su punto de vista. ¿Cree usted que esta afirmación también es aplicable a Estados Unidos? ¿Por qué? ¿Qué deportes o pasatiempos cree que son representativos de la identidad de los estadounidenses? Fundamente su opinión.

_____

_____

SEGUNDA PARTE

A leer

Preparación

5-27 Asociación. Primera fase. Asocie el deporte con el equipo necesario.

1. _____ el ala delta	**a.** la raqueta
2. _____ el baloncesto	**b.** los naipes
3. _____ el boxeo	**c.** los guantes
4. _____ el tenis	**d.** el aire
5. _____ el ciclismo	**e.** el agua
6. _____ la natación	**f.** el balón
7. _____ el fútbol	**g.** la cesta (*basket*)
8. _____ el juego de cartas	**h.** la bicicleta

Segunda fase. Ahora escriba los deportes de la lista de la *Primera fase*, según la descripción correcta.

1. Se practica en pistas interiores o en largas distancias al aire libre. El Tour de France es la competición más famosa.

_____

2. Se juega en la mesa con un grupo de amigos. _____

3. Se juega en equipo. Los jugadores tienden a ser muy altos. _____

4. Se enfrentan dos luchadores y se golpean bajo reglamentos estrictos. _____

5. Se vuela desde una elevación con un equipo especializado. _____

6. Se puede hacer en una piscina o en el océano. _____

7. Se usa el pie para patear (*kick*) el balón. Nadie usa las manos excepto el arquero (*goalie*).

_____

8. Se juega en parejas o en equipo en canchas de cemento o en césped. El torneo más famoso es Wimbledon.

5-28 ¿Qué es qué? Primera fase. Escriba la palabra al lado de la descripción que corresponde.

cancha	hincha
deportista	lesión
entrenador	pancarta
equipo	partido

1. Esta persona práctica el deporte como aficionado o profesional:

_____

2. La herida, el daño o el problema físico que impide la práctica de un deporte:

_____

3. El juego donde se enfrentan dos atletas o dos equipos:

_____

4. El entusiasta de un deporte o espectáculo:

_____

5. Esta persona da sugerencias al atleta para que mejore en el deporte:

_____

6. El anuncio o cartel que tiene el nombre y otros símbolos asociados con el equipo:

_____

7. El grupo de atletas que practican y compiten:

_____

8. El espacio interior o exterior donde compiten los atletas:

_____

Segunda fase. Ahora use la forma correcta de las palabras de la *Primera fase* para completar el siguiente párrafo.

Muchos (1) _____ (aficionados) como (2) _____ (personas que practican un deporte) concuerdan que el ciclismo es uno de los deportes más difíciles. El ciclista no sólo debe competir por su propio éxito, sino que también necesita apoyar al (3) _____ (grupo de atletas que forman una unidad en la competición). Este deporte requiere largas temporadas de preparación física y técnica bajo la supervisión de algún (4) _____ (*coach, instructor*) que guía al atleta y lo aconseja. Los ciclistas invierten mucho tiempo en su deporte y con frecuencia toman varias medidas para evitar las (5) _____ (daños físicos). Uno de los beneficios de este deporte es que no se necesita una (6) _____ (local destinado a la práctica de un deporte) específica; se puede practicar en las calles y carreteras de cualquier ciudad.

5-29 El ciclismo. El ciclismo es un deporte bastante popular. ¿A usted le gusta el ciclismo? ¿Cuándo aprendió a montar en bicicleta? ¿Cuáles son los beneficios de usar la bicicleta en lugar de usar un automóvil?

_____

_____

_____

_____

5-30 Memorión. Repase rápidamente los verbos de la sección de vocabulario al final del Capítulo 5 del libro de texto (p. 166). Mirando solamente los verbos (cubra las traducciones al inglés), escriba el verbo que corresponde a las descripciones.

1. Pasar o invertir: _____

2. Ponerse artículos de ropa: _____

3. Ser vencido/a por otro/a competidor/a: _____

4. Usar o tener puestos algunos artículos de ropa: _____

5. Pasarlo bien, divertirse: _____

6. Participar en un juego: _____

7. Ser victorioso/a: _____

8. Defender, apoyar: _____

5-31 Su deporte favorito. Ahora use los verbos que escribió en el ejercicio **5-30** para describir el deporte que usted prefiere. Describa por qué lo disfruta, el lugar donde lo practica y la ropa y el equipo que necesita.

_____

_____

_____

_____

Lectura

5-32 Infórmese sobre el tema antes de leer. ¿Qué es un deporte para usted? ¿Es el golf un deporte? ¿Y el *frisbee*? ¿Sabe qué deportes se incluyen en los Juegos Olímpicos? ¿Cuáles no están incluidos? ¿Cuál debe ser incluido?

_____

_____

_____

_____

5-33 Examine el texto. Examine el título de la lectura. ¿Qué implica este título? ¿Va a dar el artículo una definición definitiva?

_____

_____

5-34 Con más atención. Ahora examine el primer párrafo. ¿Qué tipo de información se encuentra allí? Seleccione su respuesta.

- ❑ histórica
- ❑ cultural
- ❑ literaria
- ❑ lingüística

5-35 ¿Cierto o falso? Lea el artículo e indique si las oraciones que siguen son **Ciertas** o **Falsas**.

Hacia una definición del deporte

Para muchos filólogos, la palabra *deporte* proviene de la palabra *deportarse* o divertirse, y esta a su vez, del latino *deportare*, expresaba la acción de salir al campo y entregarse a la acción. Otros atribuyen el origen de esta palabra al provenzal y la derivan de la expresión de estar *de portu*, utilizada por los marineros para referirse a las temporadas libres que pasaban en el puerto y en que se entregaban a la diversión. Irrelevante de su origen, la palabra cae en desuso en España y no reaparece hasta principios del siglo XX, como traducción de la palabra inglesa *sport*. Curiosamente la palabra inglesa vino de la palabra francesa *déport* y la francesa del latín. Pero no es hasta que llega por vías inglesas que la palabra adquiere su significado moderno que lo relaciona con una actividad física realizada con fines recreativos.

El deporte es expansión, no reposo; pide una aplicación hasta cierto punto fatigosa, tanto del punto de vista muscular como intelectual. Es la expansión del espíritu y del cuerpo, por medio de ejercicios físicos sometidos a ciertas reglas. Pero los beneficios del deporte no se limitan al individuo, se ha dicho que la actividad mediante del deporte, en su forma colectiva, promueve el contacto entre individuos y el medio ambiente. Esto facilita el aprecio por la naturaleza, los otros miembros de la comunidad y las responsabilidades sociales y laborales.

Desde luego, hay que considerar también que aparte del deporte competitivo organizado a gran escala nacional e internacional, subsiste un deporte espontáneo, de sencilla competición, sin desmesuradas exigencias. Este es el deporte recreativo que abarca todas las edades y habilidades y que muchas veces se puede practicar a lo largo de la vida. Las metas de este tipo de deporte incluyen el bienestar de salud, el relajamiento mental, el desahogo de estrés y el simple objetivo recreativo.

1. El origen de la palabra *deporte* es francés.   Cierto   Falso

2. El deporte implica la aplicación muscular e intelectual del deportista.   Cierto   Falso

3. En el deporte el ejercicio físico está controlado por una serie de reglas de juego.   Cierto   Falso

4. Los deportes, en general, son sólo individuales.   Cierto   Falso

5. En su forma colectiva, el deporte permite el contacto del individuo con otras personas y con la naturaleza.   Cierto   Falso

6. El deporte puede ser espontáneo y recreativo.   Cierto   Falso

5-36 Correcciones. Corrija las oraciones falsas del ejercicio **5-35** con la información correcta.

_____

_____

_____

_____

Aclaración y expansión

5-37 Las ventajas y desventajas. Decida si las siguientes oraciones presentan una **ventaja** o una **desventaja** de ser un/a atleta profesional, y seleccione su respuesta.

1. Se tiene poca vida privada.   ventaja   desventaja

2. Se recibe la atención de los paparazos a todas horas.   ventaja   desventaja

3. Se obtiene la admiración del público.   ventaja   desventaja

4. Consigue contratos generosos con compañías de equipo deportivo.   ventaja   desventaja

5. Se adquiere obligaciones de las figuras públicas y se convierte en un modelo para los jóvenes.   ventaja   desventaja

6. Se viaja mucho en autobús.   ventaja   desventaja

7. Se recibe salarios estupendos y contratos lucrativos con el equipo.   ventaja   desventaja

8. Se conoce a muchas celebridades.   ventaja   desventaja

5-38 Un atleta profesional. Ahora indique dos cosas que le gustan de la vida de un atleta profesional.

Me gusta que los atletas profesionales

_____.

También me gusta que ellos

_____.

5-39 Su turno. ¿Y usted? ¿Quiere tener la vida de un atleta profesional? ¿Por qué? ¿Cuál deporte prefiere jugar? ¿Para qué equipo desea jugar?

_____

_____

_____

_____

5-40 Los anhelos de los deportistas. Primera fase. Muchos jóvenes practican deportes en la escuela y en la universidad con la esperanza de llegar a ser profesionales. Seleccione el verbo de la cláusula principal, donde se expresan los deseos.

1. Esperamos que los jugadores sean buenos.

2. Los jugadores quieren que los espectadores los apoyen.

3. Los entrenadores necesitan que los jugadores vayan a las sesiones de entrenamiento todos los días.

4. Los árbitros (*referees*) desean que los jugadores no protesten sus decisiones.

Segunda fase. Ahora complete las siguientes oraciones con la forma correcta del verbo entre paréntesis.

1. El equipo de béisbol espera que el agente del equipo de los *As* _____ (estar) en el estadio hoy.

2. Los entrenadores del equipo insisten en que los jugadores _____ (calmarse) para jugar bien.

3. Las tenistas quieren que ese árbitro _____ (prestar) más atención a las líneas.

4. Los padres de los jugadores desean que el equipo _____ (seleccionar) a sus hijos.

5. El atleta prefiere que su agente _____ (negociar) el contrato.

6. Algunos jóvenes jugadores necesitan que sus padres les _____ (dar) menos sugerencias.

5-41 Un hincha decepcionado. Complete las siguientes oraciones con la forma correcta del verbo en paréntesis para expresar lo que usted quiere o no quiere que ocurra con su equipo favorito.

1. No quiero que mi equipo _____ (irse).

2. Prefiero que el equipo _____ (quedarse) aquí.

3. No quiero que los jugadores _____ (despedirse).

4. Deseo que el dueño _____ (mantener) el equipo en esta ciudad.

5. Mi amigo me pide que _____ (ver) el último partido con él.

6. Él necesita que (yo) _____ (comprar) las entradas.

5-42 Su turno. Use la lista de atletas y los verbos de abajo para indicar lo que usted desea que ocurra con los deportistas profesionales. Siga la estructura del modelo.

Atletas

Rafael Nadal (tenis)

Óscar de la Hoya (boxeo)

Alex Rodríguez (béisbol)

Fabiola Zuluaga (tenis)

Lorena Ochoa (golf)

Ana Guevara, entrenadora (400 metros)

Carlos Arroyo y sus compañeros de equipo (baloncesto)

Sergio García (golf)

Verbos (primera cláusula)

desear	insistir en	preferir	recomendar
esperar	necesitar	querer	sugerir

Verbos (segunda cláusula)

disfrutar	gastar	llevar	vestirse
ganar	jugar	perder	

Modelo: *Espero que Miguel Indurain y su familia tengan más privacidad.*

1. _____

2. _____

3. _____

4. _____

5. _____

6. _____

7. _____

8. _____

5-43 Un/a hermano/a atlético/a. Primera fase. Imagínese que su hermano/a es un/a atleta talentoso/a. Escriba cinco cosas que espera que él/ella haga cuando sea famoso/a.

1. _____

2. _____

3. _____

4. _____

5. _____

Segunda fase. Ahora imagínese que usted va a organizar la fiesta de despedida para su hermano/a atlético/a que va a jugar un deporte profesionalmente. Indique lo que quiere que hagan las siguientes personas durante la fiesta.

1. Espero que mis padres

_____.

2. Quiero que el/la novio/a de mi hermano/a

_____.

3. Ojalá que mi hermano/a

_____.

4. Prefiero que nuestros abuelos

_____.

Algo más

5-44 Las reacciones. Indique las consecuencias que traen las siguientes circunstancias. Use los verbos **ponerse, volverse, convertirse** y **hacerse + adjetivo/sustantivo** para expresar las reacciones de las siguientes personas.

MODELO: La entrenadora me aconsejó comprar nuevos palos de golf.

   Me puse nerviosa porque son caros.

1. Tú demostraste mucho talento en la cancha de golf. Al poco tiempo jugaste en el Master's.

_____

2. El entrenador de repente se enfadó mucho con el jugador porque no seguía sus instrucciones.

_____

3. Las jugadoras de tenis protestaron la decisión del árbitro.

_____

4. El futbolista era muy simpático hasta que la fama lo cambió totalmente; ahora es arrogante.

_____

5. Nuestro equipo de baloncesto nos decepcionó muchísimo y por eso ahora somos hinchas de los Lakers.

_____

6. A nosotros nos gusta mucho el béisbol, pero nunca vamos a ser profesionales.

_____

A escribir

5-45 ¡Vamos a narrar! Primero, lea la explicación de un texto expositivo en su libro de texto (pp. 161–62). Luego, escoja uno de los siguientes temas y desarróllelo según las indicaciones.

1. **Los beneficios de la vida activa.** Escriba un artículo para el periódico de su universidad sobre los beneficios del deporte en relación a la salud física y mental. Mencione los servicios universitarios a los que los estudiantes pueden recurrir. Indique lo que el director de servicios estudiantiles quiere que hagan los estudiantes para mejorar o mantener un estilo de vida sano.

2. **El ocio y la vida sedentaria.** Su profesor de sociología le pide un informe sobre las actividades de ocio de los estudiantes universitarios. Indique las actividades físicas, sociales y recreativas que suelen practicar los estudiantes en su universidad cuando tienen tiempo libre. ¿Cuándo y dónde las hacen? ¿Qué les motiva a hacer estas actividades? ¿Qué otras facilidades quiere usted que haya en su universidad?

3. **Un nuevo equipo en su ciudad.** Imagine que en su ciudad va a llegar un nuevo equipo de béisbol. ¿A quiénes quiere usted que contrate el dueño? ¿Por qué? ¿Qué deben hacer sus jugadores para tener éxito? ¿Qué desea que hagan los jugadores para su comunidad? ¿Cree que su ciudad debe construir un estadio nuevo para el equipo? ¿Por qué sí o por qué no?

_____

_____

_____

_____

_____

_____

A explorar

5-46 El mejor lugar para trabajar. Lea de nuevo la lectura sobre el estrés y el trabajo (el ejercicio **5-9**). Hace poco se publicó un estudio que indica que la mejor compañía para trabajar es Google. ¿Sabe usted por qué? Busque la información en Internet y explore las cosas que ofrece Google a sus empleados. ¿Trabajaría usted para Google? ¿Por qué sí o por qué no?

6

La comida

PRIMERA PARTE

A leer

Preparación

6-1 Cada cosa en su lugar. **Primera fase.** Indique el ingrediente que no pertenece (*belongs*) a la categoría.

1. FRUTA: mango, naranja, alcachofa, uva

2. GRANO: trigo, maíz, lechuga

3. VERDURA: zanahoria, patata, arroz

Segunda fase. Este fin de semana, usted y unos amigos van a ir de picnic. Cada uno va a llevar un plato para compartir. Usted va a preparar una ensalada. Seleccione los cinco ingredientes que va a comprar en el supermercado.

> *Tengo que comprar:*
>
> aceite
>
> arroz
>
> azúcar
>
> cebolla
>
> leche
>
> lechuga
>
> pan
>
> tomate
>
> vinagre

6-2 Mi dieta. ¿Tiene algunas preferencias en la comida? ¿Cuál es su fruta favorita? ¿Su verdura favorita? ¿Hay alguna fruta o verdura que usted no come? ¿Cuánto tiempo hace que no la come?

_____

_____

_____

_____

6-3 Crucigrama. Lea las descripciones y escriba el tipo de carne que corresponde.

1. Una de las carnes blancas; se usa para las chuletas

2. Se obtiene de la oveja

3. Viene de animales marinos

4. Carne de un ave que no puede volar

5. Se obtiene del mar e incluye crustáceos

6. Carne roja que se usa para bistec

6-4 La preparación. Ahora describa cómo prepara el tipo de carne que prefiere. ¿Toma mucho tiempo prepararla? ¿La pone en la parrilla? ¿La come con algún tipo de salsa? ¿Pide este tipo de carne en restaurantes también?

_____

_____

_____

6-5 Las opciones saludables. En su opinión, ¿cuál es la carne más sana? ¿Por qué? ¿Tiene mucha grasa (*fat*)? ¿Es importante comer carne a veces? ¿Por qué sí o por qué no? ¿Qué tipo de sustancia provee la carne? ¿Cómo obtienen los vegetarianos este tipo de sustancia?

_____

_____

_____

6-6 Una cuestión de salud. Imagínese que su doctora le ha recomendado que adelgace (perder peso) y usted piensa seguir sus recomendaciones. En cada par de palabras, seleccione la mejor opción para su dieta.

1. pollo frito   ensalada
2. ensalada de frutas   patatas fritas
3. arroz   zanahorias
4. pan   tomates

6-7 El régimen de una dieta. ¿Qué tipo de alimentos piensa comer? ¿Por qué? ¿Va a ser difícil mantener esta dieta? ¿Qué otro tipo de actividad puede hacer para perder peso?

_____

_____

_____

_____

Lectura

6-8 Anticipe el contenido. Lea el título de la lectura que sigue. Luego seleccione los tipos de información que espera encontrar en el artículo. Más de una respuesta puede ser correcta.

❑ algunas recetas
❑ las características generales de la gastronomía de diferentes países hispanos
❑ ejemplos de platos típicos
❑ la historia de cómo llegaron los diferentes ingredientes de Europa
❑ fechas en que alguien inventó un plato especial
❑ las influencias y tradiciones que afectan la gastronomía de cada país hispano

6-9 Examine el texto. Lea la primera oración de cada párrafo del texto e indique los tipos de comida que cree que el texto va a presentar.

❑ argentina   ❑ ecuatoriana
❑ colombiana   ❑ mexicana
❑ costarricense   ❑ peruana
❑ cubana   ❑ puertorriqueña

6-10 Lo típico. Lea rápidamente el artículo y escriba el nombre de un plato o una bebida de los siguientes lugares.

1. Un plato cubano: _____
2. Una bebida cubana: _____
3. Un plato argentino: _____
4. Una bebida argentina: _____

6-11 Con más atención. Ahora lea el artículo con cuidado e indique si las siguientes oraciones son **Ciertas** o **Falsas** según la información de la lectura.

Más sobre la gastronomía hispana

En la rica y variada comida en el mundo hispano se reflejan elementos tales como la gran diversidad de productos autóctonos e importados y la variedad de terrenos, climas, tradiciones e influencias de cada país. Esto explica cómo la comida entre países hispanos varía tanto y, hasta cierto punto, dentro de las diferentes regiones de un mismo país. No podemos, por lo tanto, hablar de la gastronomía hispana en términos generales. Incluso los términos que se usan para nombrar los alimentos varían. El maíz, por ejemplo, en México se conoce como *elote* y en Chile, Perú, Ecuador y Colombia se llama *choclo*.

La comida cubana, por ejemplo, es desde sus orígenes el resultado de la mezcla de las costumbres españolas, aborígenes, africanas y la posterior influencia de la inmigración asiática y yucateca. El plato nacional es el ajiaco criollo, un conjunto de vegetales y carnes de diversos tipos cocinados juntos que varía por la diversidad de los ingredientes empleados en su confección. Los platos cubanos más típicos son, además del ajiaco y de las combinaciones del arroz con distintos ingredientes, la carne de cerdo asada o frita, los tostones o chatinos (trozos de plátano verde aplastados y fritos), chicharrones de cerdo y picadillo de carne de res. Los mojitos, hoy famosos también en Estados Unidos, son bebidas hechas con menta, limón y ron (*rum*) que son muy refrescantes pero fuertes.

Cuando nos referimos a la comida argentina, el elemento principal que la representa es la carne. La mayoría de los argentinos ponen a funcionar sus parrillas para preparar sus sabrosas carnes asadas. Según ellos, el secreto de una buena carne asada está en el corte de la carne y la sabia administración del fuego. Otro plato de la cocina argentina es el asado con cuero, donde una ternera dividida en trozos se pone en una zanja (excavación que se hace en la tierra) encendida durante algunas horas. De este modo, se logra que el sabor de la carne sea realmente exquisito. La comida regional, y no de las grandes ciudades, es algo picante, pero exquisita. Los ingredientes que utilizan son el maíz tierno, los pimientos picantes y el charqui (*jerky*) de vaca, cordero o cerdo. En la Patagonia andina sobresalen los patés y ahumados (*smoked meats*), carnes de ciervo o jabalí, truchas, salmones de criaderos y mariscos. En Argentina también se consume el mate, una hierba que se toma en infusión como el té. El mate se coloca con frecuencia en un recipiente de cáscara de calabaza, donde luego se vierte el agua caliente. Se extrae el mate de un tubito (*small tube*) o boquilla de plata.

1. La combinación de productos nativos e importados, condiciones climáticas, calidad de tierra y costumbres culturales producen la variedad que caracteriza a la gastronomía hispana.   Cierto   Falso

2. Es fácil hablar de la comida hispana en términos generales porque varía poco de país en país.   Cierto   Falso

3. La gastronomía cubana es el resultado de la confluencia de las tradiciones españolas y aborígenes solamente.   Cierto   Falso

4. Para preparar el plato nacional de Cuba hay que usar verduras y diferentes tipos de carnes.   Cierto   Falso

5. El maíz es un grano que se usa con frecuencia en los platos típicos cubanos.   Cierto   Falso

6. En la comida argentina se usan mucho las verduras.   Cierto   Falso

7. El secreto de una buena carne asada, según los argentinos, es la parte de la vaca de donde viene la carne y el uso apropiado de la parrilla (*grill*).   Cierto   Falso

8. Se come mucho charqui en diferentes regiones de Argentina.   Cierto   Falso

9. En la Patagonia andina suelen comer una gran variedad de carne, pescado y mariscos.   Cierto   Falso

10. El mate es un corte de carne.   Cierto   Falso

6-12 Las correcciones. Ahora corrija las oraciones falsas del ejercicio **6-11** con la información correcta.

_____

_____

_____

_____

_____

6-13 En su opinión. ¿Cómo es la comida típica de Estados Unidos? ¿Qué ingredientes se usan? ¿Hay platos regionales? ¿Son similares a los platos de Cuba o Argentina? ¿Tienen algunas características en común?

_____

_____

_____

_____

_____

Aclaración y expansión

6-14 En preparación para la cena. Primera fase. Usted va a preparar una cena formal para toda su familia y algunos miembros de su familia le echan una mano. Identifique el objeto indirecto (**o. i.**) y el objeto directo (**o. d.**) y escríbalos en la columna correspondiente.

	o. i.	o. d.
1. Mi madre nos prestó su cocina.	_____	_____
2. Mis hermanos me dieron las papas.	_____	_____
3. Mi madre me dio un delantal (*apron*).	_____	_____
4. Mi hermana me ofreció su ayuda con la carne.	_____	_____
5. Mis tíos nos dieron unas sugerencias.	_____	_____
6. Mis padres me prestaron el dinero.	_____	_____
7. Mi madre me dio unos guantes para sacar el plato del horno.	_____	_____
8. Mi familia me hizo varias preguntas sobre los platos.	_____	_____

Segunda fase. Ahora escriba las oraciones de nuevo con los pronombres de objetos directos e indirectos necesarios. Siga el modelo con cuidado.

Modelo: Mi madre nos preparó una cena deliciosa.

Mi madre nos la preparó.

1. _____.

2. _____.

3. _____.

4. _____.

5. _____.

6. _____.

7. _____.

8. _____.

6-15 Después de la cena. Primera fase. Su tía Alicia no pudo asistir a la cena, pero quiere saber los detalles de lo que pasó. Examine sus preguntas e identifique el objeto indirecto (**o. i.**) y el objeto directo (**o. d.**) en cada una. Luego escríbalos bajo la columna correspondiente.

	o. i.	o. d.
1. ¿Repartiste todas las invitaciones a nuestros parientes?	_____	_____
2. ¿Diste instrucciones de cómo llegar a la fiesta a todos los miembros de la familia?	_____	_____
3. ¿Dijiste a tu padre cuántas personas vendrían?	_____	_____
4. ¿Diste vino a los niños?	_____	_____
5. ¿Te pidió alguien las recetas?	_____	_____
6. ¿Ofreciste café a la abuela?	_____	_____
7. ¿Presentaste a tus amigos a la familia?	_____	_____
8. ¿Hizo la abuela muchas preguntas a tu amigo Pablo?	_____	_____

Segunda fase. Ahora conteste las preguntas de su tía Alicia con los pronombres de objetos directos e indirectos necesarios. Siga el modelo con cuidado.

Modelo: ¿Ofreció tu mamá bastante comida a todos?

Sí, se la ofreció.

1. _____.

2. _____.

3. _____.

4. _____.

5. _____.

6. _____.

7. _____.

8. _____.

Fecha: _____   Nombre: _____

6-16 El abuelo sordo. Durante una visita a su abuelo, él le cuenta algunas de las cosas que ocurrieron durante la reunión familiar. Desafortunadamente, él no oye muy bien. Conteste sus preguntas usando pronombres de objeto indirecto y de objeto directo, como en el modelo.

Modelo: Usted: Envié invitaciones a toda la familia.
   Su abuelo: ¿A quién enviaste invitaciones?
   Usted: *Se las envié a toda la familia.*

1. Usted: La abuela dio regalos a todos los niños.
   Su abuelo: ¿A quién dio la abuela regalos?
   Usted:

   _____.

2. Usted: No todos los niños le dieron las gracias a la abuela.
   Su abuelo: ¿Quién no dio las gracias a la abuela?
   Usted:

   _____.

3. Usted: A los niños no les dimos las papas bravas porque son muy picantes.
   Su abuelo: ¿A quién no dieron las papas bravas?
   Usted:

   _____.

4. Usted: Mientras cocinaba, tenía una sed tremenda, pero nadie me ofreció una bebida.
   Su abuelo: ¿Quién te ofreció una bebida?
   Usted:

   _____.

5. Usted: Mis amigos me prestaron mucha ayuda.
   Su abuelo: ¿Quién te prestó mucha ayuda?
   Usted:

   _____.

6. Usted: Mis padres me dieron el dinero para la cena.
   Su abuelo: ¿Quién te dio el dinero?
   Usted:

   _____.

7. Usted: El tío Carlos también me ofreció su ayuda.
   Su abuelo: ¿Quién te ofreció su ayuda?
   Usted:

   _____.

8. Usted: Mi hermana mostró la casa a cada persona que quería verla.
   Su abuelo: ¿A quién mostró tu hermana la casa?
   Usted:

   _____.

6-17 Los pormenores de una fiesta familiar. Usted se ofreció para organizar una reunión familiar. Diga lo que ya hizo y lo que no hizo todavía según la lista de tareas que están apuntadas a continuación. Use los pronombres de objeto directo e indirecto cuando sea necesario.

Modelo: Traer la música para mi hermano
  Se la traje. / No se la traje.

1. Mandar las invitaciones a la familia

2. Ayudar a Isabel con las compras

3. Poner platos en el menú sólo para adultos

4. Pedir ayuda a unos amigos con la fiesta

5. Gastar bromas (*play jokes*) a los primos de Isabel

6. Dar un apodo a Ángel

7. Comprar un regalo para la tía Marta

8. Decorar la sala de recepciones

6-18 Su turno. Imagínese que usted está a cargo de planear una fiesta para celebrar el fin del año. Conteste las siguientes preguntas con **sí**, teniendo en mente sus obligaciones y responsabilidades.

Modelo: ¿Va a mandar invitaciones a todos los compañeros de clase?
  Sí, se las voy a mandar. / Sí, voy a mandárselas.

1. ¿Va a anunciar la fiesta a todos los estudiantes y los profesores?

   _____

2. ¿Va a pedirle dinero al decano para la fiesta?

   _____

3. ¿Va a asignar una mesa especial para la presidenta y el decano?

   _____

4. ¿Va a dar una entrevista al periódico si la fiesta va bien?

   _____

5. ¿Va a agradecer a los estudiantes por su colaboración?

   _____

6-19 Los preparativos. Ahora describa sus preparativos para la fiesta. ¿Qué cosas va a asegurarse de comprar? ¿Quién le va a ayudar? ¿A quién(es) va a invitar? ¿Va a permitir a los estudiantes llevar su propia música? ¿Cree que es una buena idea servir alcohol a los estudiantes? ¿Por qué sí o por qué no?

_____

_____

_____

_____

_____

Ventanas al mundo hispano

6-20 El origen de algunas comidas e ingredientes. En el libro de texto se menciona de dónde provienen o dónde son populares algunas comidas, bebidas o ingredientes. ¿Recuerda de qué país o región son estos alimentos? Asócielos con la región correcta.

1. _____ platos de arroz   **a.** Andalucía
2. _____ pescado frito   **b.** Chile
3. _____ azúcar   **c.** el mundo árabe
4. _____ papa   **d.** América Latina
5. _____ vino   **e.** Comunidad Valenciana

6-21 Comidas y celebraciones. Escriba las comidas que usted asocia con las siguientes festividades de Estados Unidos.

1. Navidad _____

2. Día de la Independencia _____

3. Día de Acción de Gracias _____

4. Hanukah _____

6-22 Comparta un plato típico de su cultura. Vuelva a repasar las comidas que usted identificó en el ejercicio **6-21**. Elija uno de los platos que usted come con su familia. Mencione los ingredientes necesarios y dé instrucciones de cómo prepararlo.

6-23 ¿Cree usted ser un/a buen/a cocinero/a? Ponga en el orden que corresponde las siguientes instrucciones sobre cómo hacer tostones de plátano, usando los números 1–6.

_____ Fría las tajadas del plátano a fuego moderado alrededor de 7 minutos.

_____ Sáquelas, colóquelas sobre papel absorbente para que se chupe la grasa y póngales un poquito de sal.

_____ Caliente a fuego alto la grasa o el aceite.

_____ Sáquelas del fuego y aplástelas. Póngalas de nuevo en el agua y sáquelas inmediatamente. Escúrralas (*Rinse them*) bien.

_____ Corte los plátanos diagonalmente en tajadas de una pulgada de ancho. Remójelas por 15 minutos en agua con sal. Escúrralas bien.

_____ Fríalas nuevamente con la grasa un poco más caliente hasta que se doren.

6-24 Asociaciones. Ahora piense en una comida hispana que usted conozca. Mencione sus ingredientes o características principales y diga cómo se prepara.

Modelo: *Es un plato típicamente español. Se prepara con arroz y azafrán, mariscos y pescados o pollo…*

6-25 Conclusiones. En este capítulo usted ha tenido la oportunidad de familiarizarse con distintas comidas del mundo hispano. Escriba un par de oraciones que sinteticen algunas de las ideas generales más importantes que usted ha aprendido sobre este tema y la riqueza de la cultura a través de la comida.

_____

_____

_____

_____

SEGUNDA PARTE

A leer

Preparación

6-26 El trabajo en la cocina. Primera fase. Usted va a preparar varios platos para una fiesta. Complete la lista de cosas que usted tiene que hacer en la cocina con la opción más apropiada.

1. Para que la carne tenga un sabor exquisito, la tengo que (cortar en rodajas / macerar / asar) con sal, pimienta, ajo y vino por veinticuatro horas. Luego tengo que (asar / rellenar / freír) la carne en el horno por dos horas.

2. Necesito (cortar en rodajas / macerar / guisar) los tomates y la cebolla para preparar la ensalada.

3. Voy a acompañar la carne con verduras que pienso (macerar / freír / guisar) a fuego lento en una salsa de tomate.

4. También voy a asar unos pimientos y luego los voy a (hornear / cortar en rodajas / rellenar) con arroz para que los invitados tengan dos acompañamientos.

5. Para el postre voy a (hornear / cortar en rodajas / macerar) un pastel de chocolate que pienso servir con helado de vainilla.

Segunda fase. Ahora busque los verbos que seleccionó arriba en esta sopa de letras. Búsquelas en diagonal, horizontal o vertical.

A	M	O	R	I	R	I	A	R	I	B	C	R	S	P
R	S	E	S	G	U	U	E	C	F	A	T	Q	F	C
R	L	A	U	C	E	G	B	O	L	D	H	E	U	O
O	A	B	R	D	E	F	L	N	I	B	O	N	G	X
L	C	O	N	G	U	I	S	A	R	E	R	D	V	G
R	U	E	Ñ	E	U	T	O	A	M	C	N	H	I	K
T	B	C	T	C	R	E	E	R	N	F	E	G	M	R
C	O	R	T	A	R	E	N	R	O	D	A	J	A	S
Ñ	I	Z	O	L	T	R	A	T	M	U	R	N	O	I
C	R	S	R	A	A	O	L	L	A	T	E	V	L	A
N	E	A	V	R	O	N	S	J	O	L	R	I	W	X
E	U	D	E	I	H	T	A	L	L	M	O	R	P	Q
A	F	C	Q	B	C	R	E	E	E	S	I	J	C	M
G	A	B	Z	E	U	A	R	E	D	H	B	F	N	E
M	K	L	P	O	I	R	C	Y	T	A	G	K	D	L

6-27 En su opinión. ¿Cuál es el plato más fácil de preparar? ¿Cómo lo hace? ¿Es su plato favorito?

_____

_____

_____

6-28 Los tipos de comidas. **Primera fase.** Ponga los siguientes ingredientes en la categoría que mejor corresponde.

aceituna   helado   pimienta

ají   miel   postre

chocolate

Dulce	Picante	Agrio

Segunda fase. Ahora, describa el tipo de comida que prefiere comer. ¿Come la comida picante con frecuencia? ¿Qué platos suelen ser demasiado picantes para usted?

_____

_____

_____

_____

6-29 Sabrosos ingredientes. Complete las oraciones con el producto más apropiado de la lista.

aceite de oliva   chocolate   pimientos

aceitunas   maíz   uvas

azafrán   miel

1. En España hay grandes cultivos de olivos de los cuales obtienen las _____ para el

   consumo y la producción del _____.

2. En la zona de La Mancha, España, cuando los crocos brotan (*bloom*), la gente se dedica a extraer los

   delicados pistilos (parte de la flor) para producir el valioso _____ que se vende en el

   mercado internacional por grandes cantidades de dinero.

3. En Cuba, varias familias llegaron a ser ricas gracias al cultivo de la caña de azúcar, un sustituto de

   la _____.

4. En Chile se produce ahora un vino extraordinario gracias a la producción de

   _____ en el valle central.

5. En México muchas personas compran las tortillas de _____ o de harina de

   trigo ya preparadas. Aquí también se puede probar unas salsas picantes confeccionadas con la gran variedad

   de _____ que producen. Los mexicanos también están muy orgullosos del

   _____ caliente que beben, especialmente en los días fríos.

6-30 El chocolate y el aceite de oliva. En revistas y periódicos se ha escrito mucho sobre el valor del chocolate y del aceite de oliva. Seleccione uno de estos alimentos. Escriba un párrafo en el que comenta si es beneficioso para la salud y si tiene alguna desventaja. Si no sabe esta información, búsquela en Internet.

_____

_____

_____

_____

Lectura

6-31 Anticipe el contenido. ¿Cuántos tipos de granos puede usted mencionar? ¿Sabe qué es el amaranto (*amaranth*)? ¿A qué tipo de grano se asemeja? Busque la información en Internet si es necesario.

_____

_____

_____

_____

6-32 Examine el texto antes de leerlo. Lea el título del artículo que sigue. Seleccione la opción que usted anticipa que va a aparecer en el texto.

❑ el descubrimiento de una enfermedad

❑ la historia de la producción de amaranto

❑ la dificultad de adaptarse a nuevas circunstancias

❑ los efectos económicos de la producción de granos en Estados Unidos

❑ el nivel de presión psicológica sobre los agricultores

❑ las recomendaciones para el consumo de amaranto

6-33 La lectura de cerca. Lea el texto con cuidado. Luego indique si cada afirmación es **Cierta** o **Falsa**.

El amaranto: el alimento del pasado y del futuro

El amaranto fue una planta popular en los pueblos precolombinos que los conquistadores prácticamente eliminaron. Hoy, un nuevo interés científico trata de reintegrarlo en varios países y contextos. El amaranto es uno de los cultivos más antiguos. Para los mayas, los aztecas y los incas el amaranto era uno de los alimentos básicos. Varios pueblos prehispánicos dedicaban grandes cantidades de terreno al cultivo de esta planta alta y rojiza. Ellos lo apreciaban por su valor nutritivo y sus propiedades curativas y medicinales. Este aprecio por el amaranto cambió con la llegada de los españoles porque prohibieron su cultivo y su consumo. Después de su invasión en 1519, Hernán Cortés prohibió el cultivo del amaranto y ordenó la destrucción de todos los campos dedicados a su producción. El amaranto y otros productos nativos, como la quinoa, fueron reemplazados por plantas extranjeras como el trigo y en pocos años el amaranto casi se erradica con la excepción de la producción en algunas remotas zonas de las montañas de México y los Andes.

Hoy en día, los científicos reconocen los beneficios del amaranto y confirman que el amaranto tiene más proteína que otros cereales como el trigo o el maíz. Es rico en carbohidratos y minerales, tiene poca grasa y es libre de colesterol. Las hojas (*leaves*) de amaranto poseen un alto contenido de las vitaminas A y C, lo que las recomienda como un buen complemento a los granos. En algunos lugares la hoja se prepara como verdura en lugar de espinacas.

Hoy, México y Argentina dedican una cantidad considerable de su suelo cultivable a la producción del amaranto, una planta que puede adaptarse y crecer en condiciones adversas: sequía (*drought*), altas temperaturas, o tierras de pobre calidad. Los científicos reconocieron en el amaranto su alto valor nutritivo, la brevedad de su ciclo de cultivo y su capacidad de crecer en condiciones adversas. Por todo eso es uno de los alimentos más importantes del futuro. Países pobres podrían cultivarlo con más facilidad y capitalizar su potencial. El amaranto también fue calificado como cultivo *CELSS* (*Controlled Ecological Life Support System*) por NASA y fue cultivado en los viajes espaciales desde 1985. Ese año, el amaranto germinó y floreció (empezó a crecer y llegó a producir flores) en el espacio durante el vuelo orbital de la nave *Atlantis*.

1. El amaranto es una planta que no se cultivó hasta la llegada de los europeos. Cierto Falso

2. El amaranto ocupaba un lugar muy importante en las dietas de varias culturas indígenas. Cierto Falso

3. El valor del amaranto está en que servía como alimento y medicina para los indígenas. Cierto Falso

4. Las restricción de la producción del amaranto empezó con la conquista europea. Cierto Falso

5. El amaranto desapareció totalmente y fue sustituido por el trigo. Cierto Falso

6. Sólo recientemente se ha vuelto a valorar el amaranto como alimento. Cierto Falso

7. La hojas del amaranto pueden sustituir a la espinaca como verdura. Cierto Falso

8. El amaranto hoy se puede cultivar sólo en condiciones perfectas. Cierto Falso

9. La NASA logró cultivar el amaranto en el espacio. Cierto Falso

10. El amaranto va a dar muchos beneficios a la gente que lo produce porque es nutritivo y económico. Cierto Falso

6-34 Las correcciones. Ahora corrija las oraciones falsas con la información correcta.

_____

_____

_____

_____

6-35 En su opinión. Según el último párrafo del texto, el amaranto va a ser un alimento muy importante en el futuro. ¿Por qué? ¿Hay otros productos tan beneficiosos como el amaranto?

_____

_____

_____

_____

6-36 ¿Y en otros lugares? ¿Come mucho usted la pasta? ¿Qué país asociamos con la pasta? ¿Sabe el origen de los fideos (*noodles*)? ¿Es para usted el fideo un producto tan versátil como el amaranto? ¿Por qué?

_____

_____

_____

_____

Aclaración y expansión

6-37 Un chef muy mandón (*bossy*). Usted es un/a chef muy famoso/a y acaba de abrir su propio restaurante. Hay muchas actividades que hacer en la cocina. Dé instrucciones a sus empleados, usando los mandatos formales de los verbos en paréntesis.

1. Marcos, _____ los pimientos. (rellenar)

2. Felipe, _____ la lechuga. (limpiar)

3. María, _____ las cebollas. (picar)

4. Carmen, _____ los tomates. (cortar)

5. Jorge, _____ sal a la olla. (añadir)

6. Alberto, _____ el agua. (calentar)

7. Marta y Ana, _____ los fideos. (hervir)

8. Juan y Rita, _____ el pescado. (freír)

9. Pilar y Diego, _____ la carne. (asar)

10. Óscar y José, _____ el pastel. (hornear)

11. Julio y Enrique, _____ el helado en el congelador. (poner)

12. Paula y Mónica, _____ los platos. (lavar)

6-38 Problemas con los empleados. Diga lo que necesitan hacer los siguientes empleados si quieren seguir trabajando en su restaurante. Escriba una oración lógica con mandatos informales.

Modelo: Laura toma demasiado tiempo para el almuerzo.

Toma menos tiempo.

1. Alicia no llega a tiempo a trabajar. _____

2. Jorge y Ana distraen a los otros empleados. _____

3. Marcos no se lava las manos. _____

4. Pilar y Carmen tratan mal a los clientes. _____

5. Alberto insulta a sus compañeros. _____

6. Óscar y Mónica quieren empezar una relación amorosa. _____

6-39 Unas sugerencias para una empleada. Una de las empleadas de su restaurante va a trabajar en otra ciudad. Déle sugerencias para que haga bien el trabajo en el nuevo restaurante. Use mandatos informales y siga el modelo.

Modelo: Llegar a tiempo:

Llega al trabajo a tiempo. No llegues tarde.

1. Trabajar en grupo:

_____

2. Mejorar la productividad:

_____

3. Realizar el trabajo con dedicación:

_____

4. Aprender de los otros empleados:

_____

5. Colaborar con tu supervisor/a:

_____

6. Ofrecer tu ayuda cuando sea necesaria:

_____

6-40 La reunión semanal. Usted ha empezado a escribirles una carta a sus empleados para motivarlos a mejorar la productividad. Complete la carta con los mandatos plurales de los verbos en paréntesis.

Queridos empleados:

Estamos en un momento de gran transición. Hay nuevos cambios que prometen mejorar el restaurante y las condiciones de trabajo para todos, pero todos tenemos que colaborar para que esto funcione.

Si ustedes tienen ideas o sugerencias de cómo mejorar la productividad del equipo (1) _____ (discutirlas) y (2) _____ (comunicármelas) a mí de inmediato, en persona o por escrito y de forma anónima. No (3) _____ (esperar) que yo les imponga ideas. (4) _____ (Ser) creativos y (5) _____ (tomar) la iniciativa. (6) _____ (Escribirlas) ya.

(7) _____ (Hacer) contar sus ideas y sus voces. ¡(8) _____ (Poner) sus ideas en papel! No las (9) _____ (dejar) en el aire… Para aquellos que prefieren el anonimato, habrá un buzón de sugerencias en el salón de la entrada.

(10) _____ (Depositar) sus recomendaciones sin miedo.

El chef

6-41 Las sugerencias de su ex-jefe. Usted se topa (*run into*) con el chef del restaurante donde usted empezó a trabajar hace unos años. Usted le cuenta que tiene su propio restaurante y él le da los siguientes consejos. Use los mandatos (Tú form) de los verbos entre paréntesis para completar lo que él le sugiere.

Sé que eres joven y muy ambicioso/a, pero necesitas saber algo de alguien que tiene más experiencia que tú.

Mira, (1) _____ (tener) cuidado con lo que haces porque a veces no sabes lo que te llega por detrás cuando sólo miras hacia adelante. (2) _____ (Interesarse) en las necesidades de los empleados, (3) _____ (respetar) a todos y no (4) _____ (pensar) más en tus intereses personales sino en el bien del grupo. (5) _____ (Aprender) a trabajar bajo presión, (6) _____ (aceptar) las críticas y (7) _____ (aprovecharlas) para mejorar tu trabajo. (8) _____ (Desempeñar) bien tu trabajo y (9) _____ (hacer) todo lo posible para crear un ambiente donde todos puedan trabajar bien. No (10) _____ (descuidar) tu salud, no (11) _____ (trabajar) en exceso y no (12) _____ (olvidarse) de la familia. Muchas veces la familia sufre las consecuencias de la ambición profesional.

6-42 Un/a amigo/a con intereses. Un/a amigo/a suyo/a quiere ser gerente de un restaurante y le pide a usted sugerencias porque tiene experiencia en este campo. Déle ideas de lo que debe hacer para solicitar y las cosas que debe hacer durante la entrevista.

_____

_____

_____

_____

_____

_____

Algo más

6-43 Los amigos falsos. Use la forma correcta de los verbos que siguen para completar el siguiente párrafo.

trabajar	funcionar
darse cuenta de	realizar
solicitar	aplicar

Ser empleado de un restaurante no es fácil. Muchas personas que (1)_____ en este restaurante

se quedan hasta por la noche, especialmente los días festivos y días como San Valentín. Los empleados aprenden,

con el tiempo, a (2) _____ bajo presión y rápidamente porque los clientes se quejan si toman

mucho tiempo en preparar la comida. Hay que (3) _____ mucha concentración a lo que

hacemos porque puede ser peligroso trabajar con el fuego e instrumentos afilados (*sharpened*). Es importante

(4) _____ lo que se hace con los cuchillos también porque uno puede perder un dedo.

Todos, sin embargo, estamos orgullosos del trabajo que (5) _____. Además, los salarios y

beneficios son excelentes y el chef tiene fama internacional. Según la directora de personal casi cada semana

alguien (6) _____ empleo aquí.

6-44 Una búsqueda de empleados. Imagine que usted acaba de abrir un restaurante cerca de su universidad. Dígale a su chef los cambios que quiere en el menú. Incluya platos para los estudiantes que quieren carne y para los vegetarianos. ¿Hay platos económicos?

A escribir

6-45 ¡Vamos a narrar! Revise las estrategias de la narración, si es necesario. Luego, escoja uno de los siguientes temas y desarróllelo según las indicaciones a continuación.

1. **Su informe.** Para su clase de español, escriba un breve informe sobre el uso medicinal de algunos alimentos comunes. Seleccione tres de la lista de abajo. Describa el origen del producto, cómo se utiliza y para qué sirve.

el agua salada	el jugo de naranja	el rábano
el ajo	la manzanilla	el té verde
el bicarbonato de soda	la miel	la vainilla
el jengibre		

2. Un trabajo para el verano. Imagine que usted está buscando un trabajo temporal en un restaurante durante el verano. Escriba una carta de presentación usando un tono informal, e incluya lo siguiente:

- información necesaria sobre sus cualidades y experiencia
- las cualidades personales que le van a servir en el trabajo

3. Una carta de solicitud. Imagine que está a punto de graduarse y está buscando trabajo. Escriba una carta de solicitud de empleo que pueda usar para mandar a varias empresas.

_____

_____

_____

_____

_____

_____

A explorar

6-46 Investigue uno de los siguientes temas en Internet.

1. El mejor restaurante. Consulte la guía Michelín en Internet y busque los mejores restaurantes españoles en Barcelona y Madrid. ¿Qué tipo de comida sirven? ¿Le gusta ese tipo de comida? ¿La ha comido antes?

2. La comida tex-mex. Busque en Internet las características de la comida tex-mex. ¿Qué la caracteriza? ¿Cuáles son las influencias mexicanas?

7

Las relaciones humanas

PRIMERA PARTE

A leer

Preparación

7-1 Asociación. Primera fase. Asocie a las personas con la descripción más apropiada.

1. _____ el ahijado
2. _____ el hijo
3. _____ el hijastro
4. _____ la madrastra
5. _____ la madrina
6. _____ los novios
7. _____ el padrastro
8. _____ el padrino

a. pareja que tiene una relación amorosa
b. hombre que puede transformarse en la figura de padre de un/a joven si el padre de este/a muere
c. la segunda o tercera esposa del padre de uno
d. descendiente inmediato de una pareja
e. el hijo de un/a segundo/a esposo/a
f. el esposo de la madre biológica
g. persona que recibe la protección de un padrino
h. mujer que puede transformarse en la figura de madre de un/a joven si la madre de este/a muere

Segunda fase. Ahora, complete las siguientes oraciones con la forma correcta de algunas de las palabras de la *Primera fase*.

1. Los _____ tienen una relación especial; son inseparables y piensan casarse.

2. Los _____ de los señores Gallardo quieren mucho a sus padres y los respetan, pero a veces creen que esperan mucho de ellos.

3. Carmen se casó con un hombre que tiene dos hijos. Los _____ de Carmen no se llevan bien con ella y no la aceptan para nada.

4. Los _____ de Paco son muy buenos amigos de sus padres. Lo conocen desde que era un bebé y se preocupan de él.

5. Las _____ tienen una reputación terrible que no siempre corresponde a la realidad. Los cuentos de hadas (*fairy tales*) siempre las representan como frías y crueles.

7-2 Mi relación con... Seleccione una de las personas de la lista de la *Primera fase* del ejercicio **7-1** y describa el tipo de relación que tiene usted con esta persona. ¿Cómo es la relación? ¿Hay aspectos positivos? ¿Negativos? Descríbanlos.

_____

_____

_____

_____

7-3 Asociación. Primera fase. Asocie la palabra con la definición más lógica.

1. _____ amistad
2. _____ amor
3. _____ cariño
4. _____ celos
5. _____ envidia
6. _____ sentimientos

a. el afecto que sienten los padres por sus hijos
b. la simpatía y el compañerismo entre dos personas
c. la intensa emoción que siente un novio/una novia por su pareja
d. las emociones de una persona por otra o ante una situación
e. la falta de confianza en la fidelidad de la persona amada
f. el deseo de tener lo que otro posee

Segunda fase. Ahora complete el siguiente párrafo con las palabras de la primera fase.

Elena y Diego se conocieron en la universidad y desarrollaron (1) (una envidia / un cariño / una amistad) muy buena, pero el año antes de graduarse (2) (los sentimientos / el cariño / la amistad) que compartían se convirtió en (3) (amor / amistad / celos). Se querían mucho, pero Diego era algo posesivo y admitía que a veces (4) (sus celos / sus sentimientos / su cariño) dañaba(n) su relación con Elena.

7-4 Mi mejor amigo/a. Ahora describa la amistad que usted tiene con su mejor amigo/a. ¿Cómo es su mejor amigo/a? ¿Qué cosas tienen ustedes en común? ¿Confía usted (*Do you trust*) en su amigo/a? ¿Cómo demuestra usted el cariño que siente por esta persona?

_____

_____

_____

_____

7-5 Asociación. Primera fase. Asocie los verbos con la definición más apropiada.

1. _____ aparecer
2. _____ abrazar
3. _____ aconsejar
4. _____ amar
5. _____ pelear
6. _____ preocuparse
7. _____ prohibir
8. _____ quejarse

a. tener preocupaciones
b. dar recomendaciones
c. sentir amor por algo o alguien
d. asistir, estar presente
e. reclamar, protestar
f. no permitir
g. estar en conflicto con otra persona
h. rodear a una persona con los brazos

Fecha: _____ Nombre: _____

Segunda fase. Ahora use la forma correcta de algunas de las palabras de la *Primera fase* para completar los siguientes párrafos. Las expresiones entre paréntesis pueden ser útiles.

La madre de Araceli adora a su hija y (1) _____ (se inquieta) mucho por ella. No comprende por qué Enrique, su nuevo novio, la influye tanto. Antes, Araceli era tranquila, obediente y estudiosa, pero desde que empezó a salir con Enrique todo ha cambiado. Ahora no (2) _____ (se presenta) en clase, vuelve a casa muy tarde por la noche y no le interesa lo que sus padres tienen que decir sobre su vida. Con frecuencia, la señora Flores se sienta a hablar con su hija, comparte con ella sus experiencias personales, y trata de (3) _____ (darle consejos) a su hija. ¡Todo cae en oídos sordos!

Araceli no entiende por qué sus padres (4) _____ (protestan) tanto de su novio y le (5) _____ (impiden) ver a Enrique todos los días. Para ella, sus padres son muy estrictos y no saben lo que significa estar enamorada, o por lo menos no lo recuerdan. Araceli quiere mucho a Enrique y no piensa romper con él. No quiere (6) _____ (tener conflictos) más con sus padres, pero tampoco quiere perder a Enrique.

7-6 En su opinión. ¿Cómo puede mejorar la relación entre Araceli y sus padres? Escriba una recomendación para los padres y una para Araceli.

_____
_____
_____
_____

7-7 Lo positivo y negativo. Primera fase. Agrupe las siguientes palabras en las dos categorías indicadas.

abrazar   enfadarse   romper
amar   pelear   saludar
besar   quejarse
castigar   reunirse

Acciones positivas	Acciones negativas

Segunda fase. Ahora seleccione el verbo que mejor completa el mensaje electrónico que Jorge, un estudiante que vino a estudiar en Estados Unidos, le escribe a su padre.

Querido papá,

Llegué a Filadelfia bien y sin ningún problema. Espero que tú y mamá estén bien y que no me extrañen (*miss*) mucho. Estoy seguro de que Ana se alegra de que no esté en casa porque así nosotros no (1) (abrazamos / peleamos / besamos).

El viaje fue largo, pero me senté al lado de Ashley, una chica de Filadelfia; la (2) (saludé / amé / castigué) y pude empezar a practicar mi inglés inmediatamente. Llevo ya dos semanas aquí y noto que entiendo cada vez más el idioma. Ashley y yo salimos un par de veces y nos divertimos. En realidad nos gusta pasar tiempo juntos, pero me preocupa tener problemas similares a los que tuve con Mónica. Ashley también (3) (se enfada / se reúne / rompe) por las cosas más mínimas...

La verdad es que me molesta todavía (*still*) que Mónica haya roto conmigo. Bueno, no (4) (me enfado / me reúno / me quejo) más del asunto, pero quiero saber lo que opinas tú. Espero (5) (pelear / reunirme / enfadarme) contigo pronto. Escríbeme en cuanto tengas tiempo.

Un enorme abrazo para ti y el resto de la familia.

Jorge

P.D. Por favor, dile a Ana que no toque mis cosas.

7-8 Lo bueno y lo malo. Ahora piense en una relación que usted tiene con un/a amigo/a, un/a novio/a o su hermano/a. Describa cómo es la relación. Mencione *dos* aspectos positivos y *dos* aspectos negativos en su relación.

_____

_____

_____

_____

Lectura

7-9 Anticipe el contenido. Lea el título del artículo en **7-10** y seleccione lo que usted anticipa que va a aparecer en el texto. Más de una respuesta puede ser correcta.

❑ la facilidad de obtener un divorcio
❑ el efecto emocional de la separación de los padres en los hijos
❑ algunas opiniones sobre el matrimonio
❑ la dificultad de adaptarse a nuevas circunstancias después de un divorcio
❑ el porcentaje de matrimonios que terminan
❑ las recomendaciones de los psicólogos para superar (*overcome*) el divorcio

7-10 Los cambios que vienen. Primera fase. Con el divorcio vienen muchos cambios. Lea el artículo e indique tres cambios que pueden esperar los hijos y los padres, según la lectura.

El divorcio: una compleja opción para toda la familia

El deterioro de una relación matrimonial afecta no sólo a la pareja sino también a los otros miembros de la familia, especialmente a los hijos. La decisión de divorciarse puede ser sumamente complicada y difícil para una pareja. La pérdida de una pareja estable, el cambio de domicilio y los posibles desajustes económicos son algunos de los problemas que las parejas divorciadas enfrentan y comparten con sus hijos.

Muchos expertos coinciden en que lo más importante en situaciones como esta no es la división de bienes (*goods*) sino los efectos del divorcio en los hijos. Si los padres dejan de lado sus miedos, conflictos e inseguridades y dan prioridad al bienestar (*well-being*) de sus hijos, la transición de una familia con dos padres juntos a una de padres divorciados puede ser mucho más armoniosa. Es importante que el futuro de los niños sea la razón que guíe cualquier decisión. El nivel de cordialidad y amistad que exista entre los padres influirá en la adaptación de los hijos a los cambios de residencia, escuela, amigos o tiempo compartido con ambos padres. Antes de comunicarles a los hijos la decisión que han tomado es recomendable que los padres hagan lo siguiente:

1. Usen un lenguaje que los niños puedan entender.
2. Den ejemplos que los niños comprendan.
3. Ofrezcan información sobre los cambios que van a ocurrir.
4. Enfaticen que el divorcio no es la culpa de los niños.
5. Expliquen que el amor que sienten por ellos no cambiará.
6. Contesten todas sus preguntas.
7. Díganles que es normal sentirse triste o enfadado/a.
8. Busquen ayuda profesional si la necesitan.

Hijos	Padres

Segunda fase. Ahora indique cuál de los cambios experimentados por los hijos es el más difícil de superar y por qué. ¿Conoce a alguien que haya tenido esta dificultad?

_____

_____

_____

_____

7-11 Las recomendaciones. Ponga las ocho recomendaciones de la lectura en orden de importancia, según su opinión: 1 = más importante, 8 = menos importante.

1. _____

2. _____

3. _____

4. _____

5. _____

6. _____

7. _____

8. _____

Aclaración y expansión

7-12 ¿Acción reflexiva o mutua? Indique si las acciones que ve son **reflexivas (R)** o **recíprocas (REC)**. Ponga una X en la caja correspondiente.

1.　☐ R　☐ REC

2.　☐ R　☐ REC

3.　☐ R　☐ REC

4.　☐ R　☐ REC

5.　☐ R　☐ REC

6.　☐ R　☐ REC

7-13 Consejos matrimoniales. Examine los verbos en negrita e indique el tipo de acción que expresan: **reflexiva (R)** o **recíproca (REC)**.

Los señores Álvarez se casaron hace veinticinco años y tienen una relación envidiable.

Hace poco la señora Álvarez aconsejó a su hija antes de (1) **casarse**

_____ y le contó las cosas que ella y su esposo hacen para

mantener una relación sana y duradera. Aquí está la lista de algunas de las

demostraciones de amor y respeto entre la señora Álvarez y su esposo.

- Dedicamos tiempo para conversar y para (2) **escucharnos** _____.
- (3) No **nos enojamos** _____ por cosas que tienen poca importancia.
- (4) **Nos regalamos** _____ cosas inesperadamente.
- Cuidamos nuestra apariencia para (5) **sentirnos** _____ atractivos.
- Hacemos muchas cosas juntos, pero también (6) **nos damos** _____ espacio para tener actividades independientes.
- Jamás (7) **nos acostamos** _____ enfadados.

7-14 El día de la boda. Use la forma correcta de los verbos de la lista para completar la siguiente conversación entre la señora Álvarez y su hija Beatriz.

acostar	acostarse	llamar	llamarse
bañar	bañarse	parecer	parecerse
despertar	despertarse	quedar	quedarse
dormir	dormirse	sentar	sentarse
ir	irse	vestir	vestirse

Sra. Álvarez: Bueno, hija, todo está listo para la boda. ¿Cómo te sientes?

Beatriz: La verdad es que esta mañana estaba tranquila, pero ahora estoy bastante nerviosa. Voy a

(1) _____ (to sit down) aquí en este sofá a pensar unos minutos. Tengo muy poco tiempo para

(2) _____ (to bathe) y (3) _____ (to get dressed), y me estoy poniendo cada

vez más nerviosa.

Sra. Álvarez: (4) _____ (It seems) que no tienes mucho tiempo, pero en realidad quedan tres

horas para la ceremonia. ¿Por qué no (5) _____ (to lie down) e intentas

(6) _____ (to sleep) un rato? Descansaste tan poco anoche.

Beatriz: ¡Mamá, cómo se te ocurre eso! Si apenas puedo (7) _____ (to stay) en un lugar por

cinco minutos, ¿cómo crees que voy a poder (8) _____ (to fall asleep)?

Sra. Álvarez: Si tú (9) _____ (to go) a la cama, te llevo una taza de té. Relájate lo más que

puedas. Yo (10) _____ (to wake you up) en media hora.

Beatriz: No sé, mamá…

Sra. Álvarez: Anda, hija, no te preocupes.

7-15 La convivencia. Primera fase. Vivir juntos no es fácil. Seleccione las cosas que fueron difíciles para usted cuando empezó a vivir con su compañero/a de cuarto, pareja o esposo/a.

❑ la falta de privacidad

❑ el acceso al teléfono

❑ la limpieza del apartamento, la cocina
    o el baño

❑ el volumen de la música

❑ el tiempo que se pasa en el baño

❑ el número o frecuencia de visitas de amigos
    o familia

❑ la imposibilidad de estudiar en el apartamento

❑ las diferencias de personalidad

Segunda fase. Ahora use algunos verbos de la lista abajo para describir dos o tres problemas que tuvo con esta persona.

acostarse   levantarse   quejarse

comprenderse   llamarse   respetarse

_____

_____

_____

_____

7-16 La convivencia. Describa las cosas que se necesitan hacer antes de vivir juntos para tener una mejor relación. Base su respuesta en la descripción que dio en la *Segunda fase* de **7-15**.

_____

_____

_____

_____

7-17 Consejos sabios. La Oficina de Alojamiento Estudiantil de su universidad creó un anuncio multimedia que ofrece consejos para que los compañeros de cuarto se lleven bien. Le seleccionaron a usted para que grabe el anuncio. Diga si es posible que todos los compañeros de cuarto se lleven bien. ¿Por qué? ¿Existe una relación perfecta entre compañeros? ¿Cuáles son las cosas que causan conflicto? ¿Qué le recomienda usted a los nuevos estudiantes? ¿Cómo pueden evitar problemas?

7-18 Reacciones. Complete las oraciones, indicando lo que usted siente en las siguientes circunstancias. Los verbos de la siguiente lista pueden ser útiles.

dormirse   parecerse   quitarse

enfadarse   ponerse nervioso/a   sentirse frustrado/a

llamarse   quejarse

1. Cuando tengo un examen para el cual estudié poco,

_____.

2. Cuando recibo malas notas a pesar de estudiar mucho,

_____.

3. Cuando alguien en mi casa usa mis cosas sin pedir permiso,

_____.

4. Cuando no duermo durante la noche,

_____.

5. Cuando no hay electricidad en mi residencia, apartamento o casa,

_____.

7-19 Añoranzas. Después de irse de casa, se da cuenta de que extraña a su familia. Seleccione las cosas que usted y su familia hacen mutuamente, a pesar de la distancia.

❏ ayudarse en lo que puedan/con lo que puedan   ❏ pelearse por cosas sin importancia

❏ llamarse todas las semanas   ❏ felicitarse el día del cumpleaños

❏ criticarse a menudo   ❏ mandarse mensajes electrónicos

❏ darse consejos cuando los piden   ❏ respetarse todo el tiempo

❏ contarse lo que hicieron durante la semana   ❏ gritarse por teléfono

❏ verse durante las vacaciones   ❏ mentirse a veces

7-20 En su opinión. ¿Cómo es su relación con su familia? ¿Hacen muchas cosas juntos? ¿Es una relación cercana o distante? Explique por qué.

_____

_____

_____

7-21 La relación con la familia. En su opinión, ¿qué es bueno hacer para tener una relación cercana con su familia? ¿Qué estrategias usa usted para evitar conflictos con sus padres? ¿Y con sus hermanos?

_____

_____

_____

Ventanas al mundo hispano

7-22 *El Padrino*. ¿Ha visto usted la película *El Padrino*? ¿Qué características tiene el protagonista de esta película? Si no la ha visto, puede buscar información sobre la película en Internet.

_____

_____

_____

_____

7-23 Los padrinos. Después de mirar el video, ¿cómo son los padrinos en su opinión? ¿Son estas características similares a las que usted anotó en el ejercicio **7-22**?

_____

_____

_____

7-24 Semejanzas y diferencias. Elija una de las siguientes personas. Haga una comparación entre su relación con esta persona y su relación con su padrino o madrina. Si no tiene padrino/madrina, describa una relación hipotética entre un padrino/una madrina y su ahijado/a.

MODELO: mi madre

Mi madre y mi madrina me quieren mucho y me cuidan. Ambas se preocupan mucho por mí. Mi mamá y yo tenemos una conexión familiar muy fuerte. Con mi madrina tengo una relación muy especial y nos comunicamos con mucha frecuencia, pero no vivimos en la misma casa.

un/a tío/a   un/a vecino/a   mi mejor amigo/a

_____

_____

_____

_____

7-25 Elecciones, elecciones, elecciones. Imagine que usted acaba de tener un hijo o una hija y ahora debe elegir a las personas que serán sus padrinos. Identifique a las personas que elegiría para este gran honor y explique las razones de su elección. Recuerde, estas personas pueden ser miembros de su familia o pueden ser amigos.

Para la madrina de mi hijo/a:

_____

_____

_____

_____

Para el padrino de mi hijo/a:

_____

_____

_____

_____

_____

7-26 Ahora usted recibe el honor. Su mejor amigo/a le ha comunicado que usted será el padrino o la madrina de su hijo/a. Imagine cómo será su relación con su ahijado/a. Escriba por lo menos cinco actividades que hará con su ahijado/a cuando sea niño/a y cinco actividades que harán juntos/as cuando su ahijado/a sea adulto/a.

Modelo: Cuando sea adulto/a:

Nos reuniremos todas las semanas para hablar de temas importantes.

Cuando sea niño/a:

1. _____
2. _____
3. _____
4. _____
5. _____

Cuando sea adulto/a:

6. _____
7. _____
8. _____
9. _____
10. _____

7-27 Mutuas responsabilidades.   ¿Qué hará su padrino/madrina por usted? Imagine que usted enfrenta algunos problemas y necesita la orientación de alguien fuera de su familia. Escríbale una carta a su padrino/madrina, explíquele su problema y pídale consejos.

Querido padrino/Querida madrina:

_____

_____

_____

_____

_____

_____

_____

_____

_____

_____

SEGUNDA PARTE

A leer

Preparación

7-28 Antes y después del matrimonio. Primera fase. Luisa pensaba que conocía bien a Esteban antes de casarse, pero ahora él es muy diferente. Escriba la palabra que describe cómo es Esteban realmente.

De novios   **Ahora**

1. generoso   _____

2. tolerante   _____

3. conversador   _____

4. simpático   _____

Segunda fase. Ahora dé dos ejemplos del comportamiento reciente de Esteban.

_____

_____

_____

_____

7-29 Su pareja ideal. Indique las características que usted busca en una pareja. Use la lista de palabras en la sección de vocabulario en su libro de texto (p. 226).

_____

_____

_____

_____

7-30 Consejos de un/a amigo/a. Imagine que usted es el/la mejor amigo/a de Luisa. Escriba lo que debe hacer su amiga para mejorar su relación con su esposo. Use las expresiones de la lista para completar las siguientes oraciones.

a menudo	juntos	poco a poco
dar un consejo	los demás	una mentira

1. Traten de hacer cosas _____ (*los dos*) para afianzar (*strengthen*) la confianza entre ustedes.

2. Preséntalo a todos _____ (*el resto*) que no conocen a tu esposo.

3. Avísale _____ (*con frecuencia*) que su comportamiento te molesta.

4. Habla con Cecilia; ella te va a _____ (*ofrecer una recomendación*) sabio.

5. _____ (*Lentamente*) comunícale que él no tiene de qué preocuparse.

6. Recuérdale que nunca le has dicho _____ (*cosa falsa*).

7-31 ¿Es su mentor/a? Piense en la persona a quien usted pide consejos. Ahora seleccione las razones por qué acude a esta persona.

❑ Es una persona sabia.

❑ Es una persona sensata.

❑ Tiene mis intereses en mente.

❑ Es una persona comprensiva.

❑ Es honesto/a.

❑ Está entrenado/a en psiquiatría.

7-32 El divorcio. Explique su opinión sobre las siguientes preguntas relacionadas con el divorcio. ¿Es el divorcio más frecuente ahora que antes? ¿Conoce usted a muchas personas cuyos padres se han divorciado? ¿Es fácil divorciarse en Estados Unidos? ¿Cree que debe ser más difícil obtener un divorcio? ¿Por qué sí o por qué no?

Lectura

7-33 Infórmese sobre el tema. ¿Es fácil conocer una posible pareja? ¿Por qué? ¿Dónde suelen conocerse los novios? ¿Adónde normalmente van las personas de la universidad en una primera cita?

_____

_____

_____

_____

7-34 Examine el texto. Lea el título y las primeras oraciones de cada párrafo del texto en **7-35** y seleccione la alternativa que representa el contenido o tema que usted espera encontrar en el artículo.

❑ los efectos negativos del uso de Internet

❑ el ritmo de vida y los efectos en la vida profesional

❑ los métodos modernos y tecnológicos de conocer a otra persona

❑ los sitios cibernéticos que ayudan a personas con varios problemas

7-35 Comprensión. Lea el artículo con cuidado y, luego, indique si las siguientes afirmaciones son **Ciertas** o **Falsas**.

El amor en la era digital

El ritmo y las presiones de la vida moderna dejan muy poco tiempo para la vida privada. Muchas personas ponen su carrera ante todo y lo que pasa es que con frecuencia hay profesionales que terminan ricos, pero solos. Pero, si el mundo se mueve tan de prisa, ¿por qué no aprovechar esa prisa de manera positiva? Aunque muchas personas creen todavía que el romance requiere tiempo, esto está cambiando. Las nuevas generaciones, con su destreza cibernética, están dictando la moda en cuanto a relaciones humanas. Por eso ahora existen varias formas innovadoras de conocerse.

Una forma es mediante Internet, donde hay varios sitios especializados que ofrecen la posibilidad de encuentros virtuales. Hay contactos especializados para amantes del yoga, vegetarianos, madres y padres solteros, jóvenes y gente mayor de cincuenta años. No hace falta más que un par de computadoras: todo ocurre en el ciberespacio. Ahora basta con una búsqueda rápida en la Red para encontrarse con un posible candidato o candidata.

Compañías como eHarmony.com y Match.com intentan maximizar la compatibilidad entre clientes por medio de extensos cuestionarios a cambio de un costo de membresía. Pero, hay que tener cuidado, sobre todo cuando uno da información confidencial.

Otra manera es mediante las citas rápidas (*speed dating*), reuniones en las que dos personas tienen tres a diez minutos para conocerse. Este método de familiarizarse con una posible pareja tuvo su origen en Los Ángeles en el mundo del judaísmo ortodoxo. Un rabino y su esposa frustrados de que los jóvenes judíos se casen fuera de la religión decidieron organizar un evento de citas rápidas para ayudar a los fieles solteros a encontrar parejas. La idea se convirtió en fiebre en grandes ciudades como Nueva York, donde gran parte de los bares organizan por lo menos una vez a la semana uno de estos eventos. El acceso al evento varía en precio, pero garantiza la oportunidad de conocer entre 20 y 30 personas en una noche.

El ritmo de la vida ha afectado muchas cosas, entre ellas la forma en que nos relacionamos con otras personas. ¿Quién habría dicho que la computadora iba a ser una mediadora romántica?

1. El ritmo de vida moderno ha afectado la vida profesional y la vida privada.   Cierto   Falso

2. Muchas personas tienen éxito en sus carreras, pero no tienen el tiempo para conocer a una pareja.   Cierto   Falso

3. Algunas personas todavía creen que hay que conocer a alguien por mucho tiempo para saber si uno es compatible con él o ella.   Cierto   Falso

4. Las computadoras han dificultado conocer a otras personas porque falta el contacto humano.   Cierto   Falso

5. Unos medios para conocer a otra persona son los sitios como Match.com y las citas rápidas.   Cierto   Falso

6. Las citas rápidas comenzaron como una manera de ayudar a los jóvenes hispanos a conocer a parejas de su misma cultura.   Cierto   Falso

7-36 Oraciones falsas. Ahora corrija las oraciones falsas de la *Primera fase* con la información correcta.

_____

_____

_____

_____

7-37 El amor mediado. Ahora explique si los sitios como eHarmony.com y las citas rápidas le parecen buenos métodos de conocer una pareja. ¿Cuáles son las ventajas y desventajas de estos métodos modernos de conocer una pareja?

_____

_____

_____

_____

Aclaración y expansión

7-38 Las cláusulas. Primera fase. Examine las siguientes oraciones y escriba la cláusula dependiente.

MODELO: Dudo que encuentres una buena compañera de cuarto.
encuentres una buena compañera de cuarto

1. No creo que Araceli vuelva a salir con Enrique.

_____

2. La madre de Araceli duda que su hija se enamore nuevamente de Enrique.

_____

3. Es difícil creer que Araceli quiera a una persona tan celosa.

_____

4. Es probable que Araceli no tenga mucho contacto con Enrique todavía.

_____

5. Es dudoso que Araceli olvide a Enrique pronto.

_____

6. Es indudable que Enrique está obsesionado con Araceli.

_____

Segunda fase. Ahora examine las oraciones de la *Primera fase* y escriba la palabra o expresión que se asocia con la duda o la falta de duda.

1. _____
2. _____
3. _____
4. _____
5. _____
6. _____

7-39 Consejos para Araceli. Imagine que usted es un/a amigo/a de Araceli y Enrique. Déles consejos a los dos, usando las siguientes expresiones.

(No) dudar que	Ser cierto/verdad que
(No) creer que	Ser obvio que
Ser dudoso que	Ser seguro que
Ser difícil que	Ser indudable que
Ser (im)posible que	Tal vez
Ser (im)probable que	Quizá(s)

7-40 Una amistad a larga distancia. Seleccione la forma correcta del verbo para completar las siguientes oraciones y así expresar lo que usted cree que va a pasar o no va a pasar cuando se mude (*relocate*) su mejor amigo/a.

1. No creo que mi amigo/a (se va / se fue / se vaya) muy lejos.

2. Es poco probable que mi amigo/a (se quede / se quedó / se queda) aquí.

3. Es probable que nuestros amigos (quieran / quieren / quisieron) despedirse de él/ella.

4. Quizás él/ella no (tiene / tener / tenga) que mudarse.

5. Es seguro que mi amigo/a (va / vaya / fue) a llamarme por teléfono con frecuencia.

6. Es cierto que nosotros (nos extrañemos / nos extrañamos / extrañarse).

7-41 Para vivir lejos. Complete los consejos y las predicciones para un/a amigo/a que nunca ha vivido en otra ciudad con la forma apropiada (presente del indicativo o presente del subjuntivo) del verbo entre paréntesis.

1. Es importante que tú _____ (conseguir) un apartamento cerca del trabajo.

2. Es seguro que alguien en tu familia _____ (ir) a ganar la lotería allá.

3. Es difícil que _____ (estar) triste allí porque vas a encontrar mucho que hacer.

4. Tal vez tú y tu familia _____ (viajar) al extranjero.

5. No dudes que yo te _____ (visitar); estaré allá el próximo mes.

6. Quizás nosotros _____ (poder) visitar los museos de la ciudad porque son famosos por sus colecciones.

7-42 Las relaciones a larga distancia. Escriba su opinión sobre los siguientes temas. ¿Cree usted que va a mantener su amistad con sus amigos de la universidad después de graduarse? ¿Por qué? ¿Qué cosas no contribuyen a que duren sus amistades?

_____

_____

_____

_____

7-43 La fiesta de despedida. Primera fase. Usted y sus amigos van a organizar una fiesta de despedida para un/a amigo/a que se muda. Use las expresiones que siguen para indicar las cosas que posiblemente van a ocurrir durante la fiesta. No repita las expresiones.

(No) es posible que   (No) es cierto que

(No) es probable que   (No) es verdad que

(No) es difícil que   (No) es obvio que

(No) es seguro que

MODELO: *No es seguro que la novia de Carlos venga con su mejor amiga.*

_____

_____

_____

_____

_____

_____

Segunda fase. Use la expresión **ojalá** para indicar tres cosas que usted espera que ocurran en la fiesta.

MODELO: *Ojalá que todos mis amigos se diviertan.*

1. _____

2. _____

3. _____

7-44 La primera carta. Ha pasado casi un mes y usted extraña mucho a su amigo/a. Complete el correo electrónico que usted le escribe a su amigo/a con la forma correcta de los verbos entre paréntesis. Use el presente indicativo, el presente subjuntivo o el infinitivo.

Querido/a _____:

¡Hola! ¿Cómo estás? Yo, por acá estoy regular. Todos te echan mucho de menos y te mandan muchos saludos.

No creo que tú (1) _____ (estar) contento/a en tu nueva universidad. Puesto que (*Since*) allí

tienen el programa que querías, estoy seguro/a que (tú) (2) _____ (tener) que tener paciencia

para (3) _____ (darse) la oportunidad de acostumbrarte a un nuevo lugar. Si no te gusta la

residencia porque hay algunos problemas, creo que (4) _____ (deber) hablar con el director

y (5) _____ (quejarse). Quizás ellos te (6) _____ (dar) otro cuarto.

¿Has conocido a alguien interesante? ¿Has hecho amigos? Ojalá tú (7) _____ (ir) a fiestas

para conocer a otra gente y hacer nuevos amigos. Dudo que tú (8) _____ (quedarse) allí

durante las vacaciones de primavera. Tienes que venir a vernos. Escríbeme para saber la fecha y la hora del vuelo

y te voy a recoger al aeropuerto.

Tu amigo/a,

_____

Algo más

7-45 Identificación. Identifique el uso de **se**. Seleccione entre reflexivo, recíproco, impersonal o pronombre de objeto indirecto según el caso.

1. Los novios **se casaron** después de estar diez años juntos.

    a. reflexivo   **b.** recíproco   **c.** impersonal   **d.** pronombre de objeto indirecto

2. Para mantener una relación sana, es importante **respetarse**.

    a. reflexivo   **b.** recíproco   **c.** impersonal   **d.** pronombre de objeto indirecto

3. En España la gente **se da** besos para saludar.

    a. reflexivo   **b.** recíproco   **c.** impersonal   **d.** pronombre de objeto indirecto

4. En esa familia **se pelea** constantemente.

    a. reflexivo   **b.** recíproco   **c.** impersonal   **d.** pronombre de objeto indirecto

5. Los amigos **se llaman** por teléfono todos los días.

    a. reflexivo   **b.** recíproco   **c.** impersonal   **d.** pronombre de objeto indirecto

6. Mis padres le regalaron dinero a mi hermana. **Se lo dieron** porque se graduó.

    a. reflexivo   **b.** recíproco   **c.** impersonal   **d.** pronombre de objeto indirecto

A escribir

7-46 ¡Vamos a narrar! Escoja uno de los siguientes temas y desarróllelo según las indicaciones.

1. **Armonía estudiantil.** Escriba un artículo para el periódico de su universidad sobre los problemas que pueden surgir entre compañeros de cuarto. Luego diga lo que usted cree que deben hacer los compañeros de cuarto para evitarlos. Indique si los servicios universitarios son buenos o si cree que hay algunos que hacen falta.

2. **El divorcio en la sociedad.** Para su clase de sociología su profesor le pide que informe sobre la historia del divorcio en un país hispanohablante. Usted escoge Chile, donde se acaba de legalizar el divorcio. Indique quiénes lo apoyan y quiénes están en contra. Escriba su opinión sobre el divorcio y explique por qué.

3. **Un nuevo grupo.** Imagine que su compañero/a de cuarto quiere convivir con su novio/a antes de casarse. Describa las semejanzas y diferencias entre la convivencia con un compañero/a de cuarto y la convivencia con un novio/a. ¡OJO! Usted conoce bien a su compañero/a y sabe que:

   - es desorganizado/a
   - le gusta la música punk
   - no le gusta lavar los platos
   - duerme hasta las 10:00 de la mañana todos los días

_____

_____

_____

_____

_____

A explorar

7-47 Relaciones sociales. Busque en Internet uno de los siguientes temas.

1. **Los mediadores de relaciones matrimoniales.** ¿En qué consiste su función? ¿Tienen algún entrenamiento específico? ¿Son caros sus servicios? ¿Tienen mucho éxito? ¿Qué tipos de parejas acuden a ellos?

2. **Los servicios estudiantiles.** ¿Qué tipo de servicios estudiantiles ofrece su universidad en Internet para los estudiantes que tienen problemas con su compañero de cuarto/clase, su pareja o sus profesores? ¿A quién pueden pedirle ayuda? ¿Es el servicio gratuito? ¿Se guarda confidencialidad?

8 Cambios sociales y políticos

PRIMERA PARTE

A leer

Preparación

8-1 Asociación. Primera fase. Asocie cada palabra con su significado.

1. ___ la democracia
2. ___ el desarrollo
3. ___ la dictadura
4. ___ el gobierno
5. ___ la independencia
6. ___ la lucha
7. ___ el poder
8. ___ la política

a. la libertad que gana un país de la opresión de otro
b. la evolución hacia un mejor nivel de vida
c. la autoridad o fuerza
d. el esfuerzo para lograr un objetivo
e. el sistema político por el cual se crean las leyes de un país
f. todo lo que tiene que ver con el gobierno y los asuntos del Estado
g. la doctrina que favorece la intervención del pueblo en el sistema político
h. el sistema político en el cual una persona tiene todo el poder

Segunda fase. Ahora complete las siguientes oraciones con la forma correcta de algunas de las palabras de la *Primera fase*.

1. En los países donde existe una _____ los ciudadanos participan libremente, por medio de sus representantes, en la creación de las leyes.

2. La _____ de los indígenas por sus derechos humanos continúa hasta hoy en día.

3. La riqueza que se producía en las colonias americanas aumentó el _____ de los criollos que vivían en las colonias; consecuentemente, ellos exigían más voz en la política.

4. El _____ de Carlos III de Borbón buscaba más autoridad en las colonias, incrementando los impuestos (*taxes*) y reduciendo la participación de los indígenas en la administración.

5. Las reformas de Carlos III, la popularidad de las ideas liberales junto con las rebeliones de los indígenas, los esclavos y los campesinos mestizos provocaron la _____ de los países latinoamericanos.

6. En varios países latinoamericanos el bienestar y el nivel de _____ se miden (*are measured*) por el índice de alfabetización y la salud de los ciudadanos más pobres.

8-2 ¿Y en su país? Ahora use la lista de palabras de la *Primera fase* de **8-1** para describir cómo se independizó su país. ¿De qué país se independizó? ¿Qué problemas existían? ¿Quiénes participaron en este proceso? ¿Qué lograron? ¿Cuáles fueron algunas de las consecuencias?

_____

_____

_____

_____

_____

8-3 Asociación. Primera fase. Seleccione la alternativa que mejor se asocia con cada palabra.

1. droga: poder / comercio / narcótico

2. lucha: compra y venta / pelea / sustancia química

3. narcotráfico: contrabando / conflicto / desarrollo

4. negocio: política / independencia / comercio

5. democracia: conflicto / gobierno / dictadura

Segunda fase. Use la forma correcta de las palabras de la *Primera fase* para completar el siguiente párrafo.

Según la ONU, aproximadamente 50 millones de personas consumen regularmente (1) _____

como la heroína, cocaína y/o sustancias sintéticas. Esta demanda ha creado un (2) _____ a

nivel global que maneja millones de dólares todos los años. El (3) _____ satisface una

demanda que, por lo general, se asocia con los países desarrollados mientras que la producción se vincula

principalmente con los países en vías de desarrollo. Para el drogadicto su adicción representa una difícil

(4) _____ en instituciones de desintoxicación, pero para el campesino pobre el cultivo de

esta sustancia ilícita representa un medio de ingreso (*income*) que le permite subsistir.

8-4 En su opinión. ¿Hay demanda y/o uso de drogas en su comunidad? ¿Cree que se debe legalizar el tráfico y uso de drogas? ¿Por qué?

_____

_____

_____

_____

8-5 Otro tipo de tráfico. Primera fase. Escriba la palabra que corresponde a cada descripción.

barco   explotación   mano de obra
castigo   maltrato   mina
esclavitud

1. Un sistema que priva (*deprives*) a una persona de su libertad: _____

2. Un medio de transporte marítimo: _____

3. Un tipo de amonestación (*reprimand*): _____

4. Una forma de abusar de o hacerle daño a una persona: _____

5. El trabajo manual: _____

6. El lugar donde se explotan minerales: _____

7. La utilización del trabajo de una persona para obtener algún beneficio: _____

Segunda fase. Ahora use las palabras de la *Primera fase* para completar el informe para la clase de sociología.

La (1)_____ (sistema de someter a personas al cautiverio) no es una cosa del pasado: el abuso de los derechos humanos ocurre tanto en las naciones desarrolladas como en aquellas en vías de desarrollo. Según el Grupo Internacional Contra la Esclavitud, el trabajo en condiciones de servidumbre (*servitude*) afecta a por lo menos 20 millones de personas en el mundo. Muchas de ellas sirven de obreros y son víctimas de (2)_____ (tratamiento cruel).

Algunas personas que llegan de Asia viajan en (3)_____ (nave) y en condiciones inhumanas para luego sufrir la (4)_____ (aprovechamiento) de comerciantes sin escrúpulos. Unas mujeres de Europa Oriental también viajan a otros países en busca de empleo, pero terminan como prostitutas a causa del engaño (*deception*). Se trafica con niños y niñas de África Occidental, y en Brasil hay hombres que trabajan como esclavos en haciendas agrícolas o en las (5)_____ (excavaciones) de oro. Es obvio que este problema no se ha solucionado todavía y hay que erradicarlo.

8-6 En su país. ¿Sabe si existe todavía la esclavitud en su país? ¿Hay alguna ley que considere ilegal la esclavitud? ¿Cómo llegan estos cautivos al país? ¿Por qué son víctimas de la esclavitud? ¿A qué negocios se dedican estos trabajadores? ¿Qué podemos hacer para eliminar la esclavitud?

_____

_____

_____

_____

_____

_____

Lectura

8-7 Anticipe el contenido. Lea el título del artículo en **8-10** y examine la tabla de la lectura que sigue. Seleccione el tipo de información que *no* espera encontrar en el artículo.

❑ la práctica ilícita de la esclavitud en la actualidad
❑ la historia de la esclavitud en Europa y América
❑ fechas en que algunas naciones legalizan nuevamente la esclavitud
❑ las fechas en que se prohíbe la esclavitud

8-8 Examine el texto. Lea la primera oración de cada párrafo del texto en **8-10** y escriba lo que piensa encontrar en el texto completo.

❑ La esclavitud ya no existe ahora.
❑ Algunos esclavos son niños.
❑ La esclavitud fue prohibida hace mucho tiempo.
❑ La historia de la esclavitud en Estados Unidos

8-9 Con más detención. Lea el texto en **8-10** rápidamente y escriba los nombres de la primera y la última nación mencionadas que abolieron la esclavitud.

   1. La primera: _____

   2. La última: _____

8-10 Ejemplos. Primera fase. Lea el artículo e indique dos ejemplos de las condiciones de esclavitud en el siglo XXI.

La esclavitud actual

Todavía existe la esclavitud en varias formas hoy en día. Existe un mercado que se encarga de (*takes care of*) la compra y venta de niños y jóvenes a cambio de cantidades mínimas de dinero. Incluso hay redes de crimen organizado que trafican con niños y los explotan sexual o laboralmente.

Estos jóvenes y niños son víctimas de una siniestra red que les promete una vida de lujo (*luxury*) y una educación privilegiada. Los padres de estos niños tienen, por lo general, pocos medios económicos y los envían a otros países por un futuro mejor. Invariablemente, en cuanto llegan a su destino empiezan a trabajar y nunca asisten a la escuela. Muchos sufren abuso físico, mental o sexual.

Gran Bretaña prohibió el mercado de esclavos en 1807, junto con la mayoría de sus vecinos europeos. Estados Unidos lo hizo en 1865. El último país en prohibir la esclavitud en América fue Brasil en 1888. En varios países hispanoamericanos la abolición de la esclavitud coincidió con la lucha por la independencia. Es lamentable que esta práctica continúe hoy en día a pesar de que las leyes abolieron el comercio humano hace ya más de un siglo.

> La esclavitud se abolió en:
> Gran Bretaña, 1807
> Venezuela y México, 1810
> Chile, 1811
> Argentina, 1812
> Colonias británicas en el Caribe, 1834
> Estados Unidos, 1865
> Brasil, 1888

   1. _____

   2. _____

Segunda fase. Ahora explique las posibles razones por las cuales algunas personas se convierten en esclavos. ¿En qué condiciones viven en su país natal? ¿Cómo se hacen esclavos?

_____

_____

_____

_____

Aclaración y expansión

8-11 El negativismo de los ciudadanos. Escriba el opuesto de cada palabra.

nadie	nada	tampoco
nunca	ninguno	ni… ni

1. todo _____

2. alguien _____

3. o… o _____

4. alguno _____

5. siempre _____

6. también _____

8-12 Sinónimos. Ahora use la forma correcta de las palabras afirmativas y negativas del ejercicio **8-11** para completar el siguiente párrafo.

No hay (1) _____ (ninguna persona) que pueda aceptar que la discrepancia en los beneficios entre las personas sea buena. Es abominable, por ejemplo, que mientras (2) _____ (unas) familias disfrutan de todas las comodidades e incluso de (3) _____ (unos) lujos, otras no tengan (4) _____ (ni un) tipo de alojamiento permanente. Para los desamparados (*homeless*) la falta de alojamiento es

(5) _____ (una cosa) que experimentan frecuentemente a menos que recurran (*seek out*) a

(6) _____ (una persona) que les pueda asistir.

8-13 Los derechos humanos. Use las palabras negativas para contestar las siguientes preguntas.

nada   ninguno(s)/ninguna(s)

nadie   nunca

ni… ni   tampoco

1. ¿Fue alguien a ayudar a los desamparados?   No, no fue _____.

2. ¿Qué hizo el alcalde por ellos?   El alcalde no hizo _____.

3. ¿Siempre comes con los alojados del Ejército de Salvación?   No, _____ como con ellos.

4. ¿Encontraron a la mujer que buscábamos?   No, no encontramos a _____ mujer hoy.

5. ¿Llamaste a la clínica o consultaste con la enfermera esta mañana?   _____ llamé a la clínica _____ consulté con la enfermera. No tuve tiempo esta mañana.

6. No me gusta llenar tantos documentos para prestar ayuda. ¿Y a ti?   A mí, _____ me gusta llenarlos.

8-14 La generosidad. Primera fase. Indique la frecuencia con que usted hace las siguientes actividades. Elija de entre los siguientes adverbios. Siga el modelo.

a veces	jamás	siempre
alguna(s) vez/veces	nunca	una vez

MODELO: donar dinero:
         A veces dono dinero.

1. contribuir con su tiempo a una buena causa:

_____

2. regalar ropa:

_____

3. invitar gente a casa:

_____

4. dar limosna (*charity*) a los pobres:

_____

5. recaudar fondos (*raise funds*):

_____

6. informarse más sobre los derechos humanos:

_____

Segunda fase. Ahora, piense en cuatro amigos y/o familiares suyos y escriba una frase sobre la frecuencia con que cada uno de ellos hace estas actividades. ¿Hay alguno de ellos que siempre ayuda a los demás o que nunca lo hace?

1. _____

2. _____

3. _____

4. _____

8-15 Todo lo opuesto. Escriba las siguientes oraciones de nuevo para que den la información opuesta. Use las expresiones a continuación.

alguien	nadie
alguno	ninguno
o... o	ni... ni
también	tampoco
todo	nada/algo
siempre	nunca

MODELO: La comunidad siempre ayuda a los ciudadanos necesitados.
          La comunidad nunca ayuda a los ciudadanos necesitados.

1. Todo se logra sin esfuerzo.

   _____

2. Los trabajadores sociales nunca contribuyen a solucionar los problemas de las familias sin alojamiento.

   _____

3. Ahora tampoco tenemos los fondos del estado para agrandar el centro de auxilio.

   _____

4. Vimos a alguien caminando por la calle con todas sus pertenencias.

   _____

5. Los desamparados nunca confían en los trabajadores sociales.

   _____

6. La pobreza se soluciona si todos colaboran.

   _____

8-16 Lo que queda por hacer. Describa algunas de las cosas que se hacen en su ciudad para ayudar a los pobres. ¿Está esta ayuda siempre disponible? ¿Quiénes ayudan más? ¿Hay algo que le gustaría que se implementara aparte de lo que ya está disponible? Use expresiones afirmativas y negativas en su respuesta.

_____

_____

_____

_____

8-17 ¿Y las mujeres? Describa algunos de los logros (*achievements*) que han tenido las mujeres en los últimos 50 años en las áreas de los derechos civiles, la estructura familiar, el gobierno / la política y la fuerza laboral. Use expresiones afirmativas y negativas en sus respuestas.

_____

_____

_____

_____

_____

_____

8-18 Códigos de vestimenta (*Dress codes*). Algunas escuelas y compañías tienen reglas para controlar la ropa que pueden (y no pueden) llevar los estudiantes o empleados. En su opinión, ¿se justifica este control sobre la vestimenta, o debería ser una decisión personal? ¿Qué derechos tienen los estudiantes y los empleados? ¿Qué derechos tienen las escuelas y las compañías? Diga su opinión.

Ventanas al mundo hispano

8-19 Predicciones. Si los siguientes cambios ocurren, ¿qué pasará en Estados Unidos y en el mundo? Seleccione la respuesta que usted considera más probable.

En Estados Unidos

Cambio 1: Es el año 2050 y la mitad de la población de Estados Unidos es de origen hispano.
Consecuencia:
a. El español será la lengua oficial de Estados Unidos.
b. En la mayoría de las escuelas primarias de Estados Unidos se enseñará el español.

Cambio 2: Estados Unidos tiene acuerdos de libre comercio con todos los países de América Latina.
Consecuencia:
a. No será necesario usar un pasaporte para viajar por estos países.
b. La importación de productos latinoamericanos será mayor.

En el mundo

Cambio 1: La Organización de las Naciones Unidas deja de existir.
Consecuencia:
a. Habrá más conflictos bélicos entre muchos países.
b. La economía de los países desarrollados mejorará.

Cambio 2: Los recursos naturales del planeta disminuyen.
Consecuencia:
a. Se eliminará la pobreza de muchos países.
b. Habrá más problemas relacionados con el medio ambiente.

8-20 Cambios futuros. Elija uno de los cambios previstos para Estados Unidos o el mundo del ejercicio **8-19** y explique su opinión al respecto. ¿Cree usted que este cambio ocurrirá? ¿Por qué? ¿Qué consecuencias cree usted que tendrá? Diga su opinión.

8-21 Cambios en la política latinoamericana. Estos dos hechos ocurrieron en Latinoamérica: Michelle Bachelet es la primera mujer en ser elegida presidenta de Chile y Evo Morales es el primer presidente de origen indígena de Bolivia. Según usted, ¿de qué manera cambiará cada una de estas dos personalidades políticas la sociedad que gobierna?

_____

_____

_____

_____

8-22 ¿Y en Estados Unidos? Cambie las siguientes oraciones usando expresiones afirmativas o negativas según corresponda.

Modelo: Muchas mujeres han llegado a la presidencia de Estados Unidos.
Ninguna mujer ha llegado a la presidencia de Estados Unidos.

1. Ningún miembro del congreso de Estados Unidos representa a grupos minoritarios.

_____

_____

2. Ningún presidente de Estados Unidos sabía hablar lenguas extranjeras.

_____

_____

3. En las sesiones del congreso de Estados Unidos siempre se habla español.

_____

_____

4. Algunos presidentes de Estados Unidos nacieron en otro país.

_____

_____

8-23 Emigrantes e inmigrantes. En este video se menciona que tanto España como México representan dos caras del complejo tema de la inmigración. Un número importante de ciudadanos mexicanos emigra diariamente a Estados Unidos. A España emigran constantemente extranjeros de América Latina, África y de algunos países de Europa Oriental. Explique los desafíos que esta realidad tiene para ambos países.

_____

_____

_____

_____

_____

SEGUNDA PARTE

A leer

Preparación

8-24 Sopa de letras. Primera fase. Primero, seleccione diez verbos en la sopa de letras.

E	S	T	R	E	M	E	C	E	R	S	E
A	X	C	S	E	Q	G	L	I	U	K	L
T	L	V	Q	A	P	V	R	E	T	L	E
R	V	M	T	N	Z	A	M	B	S	D	V
A	T	R	A	V	E	S	A	R	E	F	A
N	G	E	H	P	J	D	T	L	L	M	N
Q	N	S	O	G	Q	L	A	S	U	Z	T
U	T	O	U	V	W	Z	R	Y	C	A	A
I	B	L	C	K	D	A	E	F	H	G	R
L	H	V	I	P	T	J	R	L	A	M	S
I	N	E	S	R	O	A	Q	A	R	K	E
Z	K	R	O	Q	N	B	P	W	G	A	E
A	F	P	R	I	V	A	R	E	A	P	N
R	O	N	M	Z	B	X	C	U	B	S	C
S	T	R	M	A	N	F	R	P	N	M	O
E	E	B	C	W	D	M	E	F	G	H	N
T	J	K	L	O	M	P	Q	N	R	S	T
E	Q	I	M	G	Z	E	W	C	F	A	R
H	E	M	T	O	A	Q	O	S	N	U	A
V	U	X	H	Z	A	L	C	R	E	Q	G

Segunda fase. Ahora, asocie cada palabra con su significado.

1. _____ atravesar
2. _____ estremecerse
3. _____ levantarse en contra
4. _____ luchar
5. _____ matar
6. _____ privar
7. _____ soportar
8. _____ resolver
9. _____ terminar
10. _____ tranquilizarse

a. rebelarse contra algo o alguien
b. producir la muerte de una persona, animal o planta
c. resistir una carga o peso físico o mental
d. cruzar de un lugar a otro
e. calmarse
f. temblar a causa de un evento lleno de tensión o emoción
g. completar algún trabajo
h. pelear
i. solucionar un problema
j. quitarle a alguien alguna posesión o derecho

8-25 Categorías. Ponga a cada persona bajo la categoría que corresponde.

cacique	esclavo	refugiado
dictador	indocumentado	

Posición subyugada	Posición de poder

8-26 Descripción. Describa la situación de los refugiados políticos y los indocumentados en Estados Unidos. ¿Hay muchos? ¿Cuáles son algunos de sus problemas y preocupaciones? ¿Hay alguna organización que los ayude?

_____

_____

_____

_____

_____

_____

8-27 La política y las noticias. Use la forma correcta de las siguientes palabras para completar el párrafo a continuación.

de acuerdo con	mensaje
hecho	noticia

El público escucha las (1) _____ (información sobre los eventos) para informarse de los

acontecimientos nacionales e internacionales. Los periodistas tienen la obligación de comunicar los

(2) _____ (sucesos) sin presentar su punto de vista u opinión. Sin embargo, existen algunas cadenas

televisivas que no están (3) _____ (conforme con) esta idea y envían un (4) _____ (idea

que se transmite) que está a favor o en contra de una ideología. Este fenómeno ocurre con frecuencia en

naciones donde hay un gobierno autocrático como en las dictaduras.

8-28 Asociaciones. Primera fase. Haga conexiones lógicas entre la circunstancia social y el problema con que se asocia.

Circunstancias sociales

1. _____ la pobreza de los indígenas
2. _____ el maltrato de esclavos
3. _____ el abuso de poder de los dictadores
4. _____ la drogadicción de los jóvenes

Problemas

a. el negocio ilícito de narcóticos
b. la falta de representación democrática
c. las viviendas inadecuadas
d. los castigos inhumanos

Segunda fase. Ahora identifique el problema que cada organización trata de solucionar.

Organizaciones

1. _____ La Organización SOS Esclavos
2. _____ Los gobiernos democráticos de varios países
3. _____ Los ciudadanos de los barrios donde se venden drogas
4. _____ La Asociación de Indígenas Americanos

Problemas

a. el negocio ilícito de narcóticos
b. la falta de representación democrática
c. las viviendas inadecuadas
d. los castigos inhumanos

8-29 ¿Quiénes resuelven qué? ¿Qué han hecho estos grupos para solucionar el problema? Seleccione uno de estos grupos y, basándose en lo que sabe acerca del tema, explique los tipos de iniciativas y proyectos que podría realizar.

1. La Organización SOS Esclavos

2. Los gobiernos democráticos de varios países

3. Los ciudadanos de los barrios donde se venden drogas

4. La Asociación de Indígenas Americanos

_____

_____

_____

_____

_____

Lectura

8-30 Anticipe el contenido. En su opinión, ¿adónde van los refugiados? Haga una lista de los países adonde suelen ir. ¿Por qué van a esos países? ¿Cree usted que los ciudadanos de esos países los reciben bien?

_____

_____

_____

_____

8-31 Examine el texto. Lea el título del texto que aparece a continuación y seleccione el tipo de información que espera encontrar.

❑ los problemas que tienen los inmigrantes hispanos en Estados Unidos
❑ las agencias de caridad (*charity*) que ayudan a la gente necesitada
❑ los refugiados ecuatorianos que salen para el extranjero
❑ la falta de seguridad que algunos refugiados experimentan en otro país

8-32 Comprensión. Lea cuidadosamente el texto e indique si las afirmaciones que siguen son **Ciertas** o **Falsas** según la información de la lectura.

El futuro incierto de los refugiados

En los puestos del mercado de Ibarra (Ecuador) mujeres indígenas venden pollos y cuyes (los conejillos de Indias que forman parte de la tradicional cocina ecuatoriana) y una gran variedad de objetos entre los cuales se encuentran artesanías, comidas, incluso ropa. Pero una mirada más cuidadosa nos revela la presencia de colombianos con su música, su bandera, sus restaurantes y su clientela.

Algunos estiman que al menos unos 400.000 refugiados colombianos viven ahora en Ecuador. Sólo un pequeño porcentaje de ellos ha sido reconocido oficialmente por Ecuador como refugiados, con derecho a vivir y trabajar en su nuevo país. Los demás tienen que sobrevivir de alguna manera, siendo muchas veces víctimas de la xenofobia, la explotación y la discriminación. Muchos temen regresar a Colombia, aunque su futuro en Ecuador es incierto.

La violencia que existe en Colombia desde hace mucho tiempo motiva a muchos colombianos a abandonar su familia y tierra por un lugar en el cual pueden evitar el conflicto amargo que no parece tener salida fácil o pronta. Unos dos millones de colombianos han abandonado sus hogares para trasladarse a otras partes del país (los desplazados internos). Cientos de miles se han ido al extranjero: a Estados Unidos, a España y a otros países. Pero quizá la mayoría de ellos ha cruzado la frontera para ir a Ecuador, un país vecino donde el colombiano puede pasar desapercibido. Según cifras del gobierno ecuatoriano, 475 colombianos solicitaron el estatus de refugiados en 2000. En 2003, fueron más de 11.000 y la cifra va en constante aumento.

En Ecuador no hay campamentos de refugiados, y los últimos colombianos que han llegado se han incorporado a la sociedad ecuatoriana, integrándose a los pueblos del norte del país y a la capital, Quito.

Sólo alrededor de un 30% de aquellos que solicitaron el estatus de refugiado lo han conseguido, lo cual les permite vivir y trabajar legalmente o solicitar su reubicación en un tercer país. Aquellos a quienes se les negó el permiso o quienes simplemente no lo pidieron se quedan en Ecuador viviendo como pueden.

Muchos refugiados colombianos están, por lo general, a salvo de la clase de violencia que sufrían en su país y no viven en campamentos superpoblados, pero mientras la violencia continúe en Colombia, la mayoría no tiene perspectivas de regresar. En los últimos años ha surgido una creciente hostilidad hacia ellos. Las agencias de ayuda están haciendo lo imposible por resolver un problema que no sale en los titulares de los diarios.

1. Es relativamente fácil saber que hay colombianos en Ecuador.	Cierto	Falso
2. Hay aproximadamente 30.000 colombianos en Ecuador.	Cierto	Falso
3. Un gran porcentaje de los colombianos tienen ahora el estatus de refugiado.	Cierto	Falso
4. Muchos colombianos emigran de su país por el tráfico de drogas.	Cierto	Falso
5. La violencia no va a terminar pronto.	Cierto	Falso
6. La mayoría de los colombianos va a Ecuador porque la comida ecuatoriana es semejante a la colombiana.	Cierto	Falso
7. Los colombianos prefieren establecerse en el norte o en la capital de Ecuador.	Cierto	Falso
8. El número de colombianos en Ecuador sigue creciendo y ahora no son bienvenidos.	Cierto	Falso

8-33 Correcciones. Ahora corrija las oraciones falsas del ejercicio **8-32** con la información correcta.

_____

_____

_____

_____

8-34 En el lugar del otro. Póngase en el lugar de un/a refugiado/a colombiano/a y describa las cosas que quiere que ocurran en su país y en Ecuador.

_____

_____

_____

_____

Aclaración y expansión

8-35 ¿Qué buscan los inmigrantes? Seleccione la forma correcta de los verbos entre paréntesis.

1. Los refugiados políticos buscan la libertad que no (existe / exista) en su país natal.

2. Quieren ser parte de una comunidad que (valora / valore) su participación.

3. Prefieren vivir en comunidades que no los (rechazan / rechacen).

4. Esperan que el país adonde van a ir (tiene / tenga) las oportunidades que ellos imaginan.

5. Tienen la esperanza de encontrarse con gente que los (acepta / acepte).

6. Les gustaría estar en un país que (protege / proteja) sus derechos.

8-36 Como un/a inmigrante. Imagine que usted es un/a inmigrante que acaba de llegar a este país. Describa qué esperaba encontrar antes de llegar. Luego diga si lo que experimentó al llegar al país coincidió con lo que esperaba encontrar.

_____

_____

_____

_____

8-37 Una nueva vida. Repase la explicación sobre el indicativo y el subjuntivo en el libro de texto (pp. 246-247). Luego, complete las siguientes oraciones con la forma correcta del subjuntivo o el indicativo de los verbos entre paréntesis.

1. Los inmigrantes salen de sus países porque buscan un lugar que les _____ (dar) más oportunidades.

2. En cuanto llegan al nuevo país necesitan ponerse en contacto con alguien que _____ (estar) familiarizado con los obstáculos que ellos _____ (afrontar) en ese momento.

3. A menudo, no consiguen trabajo que les _____ (pagar) un salario suficiente para cubrir todos sus gastos.

4. Normalmente no hay clases de inglés que _____ (coincidir) con sus horarios de trabajo.

5. Todos quieren oportunidades que les _____ (permitir) mejorar sus circunstancias económicas.

6. Existen muchas agencias que _____ (dedicarse) a ayudar a los recién llegados.

8-38 Un lugar lejano. Imagine que usted acaba de llegar a un país muy lejano. ¿Qué es lo primero que va a hacer? ¿Con quién se va a poner en contacto? ¿Qué tipo de trabajo va a buscar?

_____

_____

_____

8-39 La asistencia. Complete el siguiente texto con la forma correcta del indicativo o subjuntivo de los verbos entre paréntesis.

No poder comunicarse con las personas que (1) _____ (tener) a su alrededor puede ser muy

desalentador (*discouraging*) para un inmigrante. Por eso, inscribirse en unas clases que (2) _____

(enseñar) el idioma del lugar es fundamental. La competencia lingüística que el inmigrante (3) _____

(poder) alcanzar le va a permitir socializar con otra gente y encontrar un trabajo que (4) _____ (ser)

adecuado para su preparación. Su dominio de la lengua también le va a facilitar un trabajo que le

(5) _____ (permitir) alquilar una vivienda apropiada para sí mismo y su familia. Si es necesario el

inmigrante puede ir a las agencias estatales o federales que (6) _____ (ofrecer) la ayuda necesaria para

llevar a cabo sus metas.

8-40 La asistencia. ¿Qué tipo de ayuda cree usted que necesita más el inmigrante? ¿Dónde la puede encontrar? ¿Hay requisitos especiales para obtener esta ayuda? ¿Qué restricciones tiene?

_____

_____

_____

_____

8-41 La emoción del traslado. Escoja la alternativa que complete cada oración correctamente.

1. Algunos inmigrantes superan el temor de viajar que _____ por los beneficios que pueden obtener en otro lugar.

   a. sientan
   b. siente
   c. sienten

2. Con frecuencia, los inmigrantes abandonan su país natal y sienten la nostalgia que les _____ volver con regularidad a sus países de origen.

   a. hace
   b. haga
   c. hacen

3. Muchas personas no salen de su país porque tienen lazos que _____ difíciles de romper.

   a. sean
   b. son
   c. sea

4. Al trasladarse a un nuevo mundo, los inmigrantes tienen la esperanza de hallar una vida que les _____ las oportunidades que buscan.

   a. dé
   b. da
   c. dan

8-42 Decisiones atrevidas. ¿Qué temores o miedos no le permiten a usted tomar decisiones atrevidas (*daring*) como emigrar? En general, ¿qué metas se propone un inmigrante cuando sale de su país? ¿Es fácil o difícil lograrlas? ¿Por qué?

_____

_____

_____

8-43 ¿De qué manera han contribuido? Diga lo que sabe sobre los inmigrantes a Estados Unidos. ¿De dónde vienen los que usted conoce? ¿Han influido en las comunidades donde viven? ¿Qué contribuciones han hecho?

Algo más

8-44 Más sobre los refugiados. Complete las oraciones que siguen con el pronombre relativo correcto: **que, quien(es)** o **lo que.**

1. Para los refugiados políticos _____ vienen de Cuba es fácil adaptarse en Miami porque hay una comunidad cubana grande.

2. Esta es la organización _____ ayuda a los recién llegados al país.

3. El oficial a _____ dimos los documentos va a entrevistarlos.

4. _____ más les interesa a los refugiados es tener la posibilidad de vivir en paz y con libertad.

5. No sé dónde está el documento _____ tengo que llenar.

6. Los estadounidenses son personas a _____ les preocupa el bienestar de la gente oprimida.

A escribir

8-45 Para hacerlo interesante. Primero, revise las estrategias para captar la atención de los lectores que se encuentran en su libro de texto (p. 252). Luego, escoja uno de los siguientes temas y desarróllelo según las indicaciones.

1. **A favor de la paz.** Usted es una persona pacífica a quien le preocupa el aumento de la violencia en su comunidad/país. Escriba una carta para la sección editorial del periódico, explicando los hechos que han ocurrido y su posición sobre cómo disminuirla.

2. **La globalización.** Usted prepara un informe para su clase de economía donde aclara los efectos de la globalización en las naciones industrializadas y en las naciones pobres. Indique qué ha pasado en estas naciones desde que empezó la globalización. Incluya su opinión sobre este fenómeno mundial. Mencione cómo ha afectado:

   - el número de trabajos en el país
   - los tipos de trabajo que hay
   - las condiciones en que trabajan los empleados
   - los salarios de los ejecutivos de las compañías multinacionales
   - el precio de los productos

_____

_____

_____

_____

_____

_____

_____

_____

A explorar

8-46 Investigación. Busque en Internet información sobre uno de los siguientes temas.

1. **El 11 de septiembre de 2001.** ¿Qué cambios ocurrieron con el ataque del 11 de septiembre? ¿Qué servicios se vieron más afectados? ¿Qué efecto tuvo el ataque en la gente? ¿Cree que la xenofobia que se produjo como consecuencia del ataque afectó a todos los inmigrantes de la misma manera? ¿Cree que la xenofobia va a acentuarse en el futuro?

2. **Las fronteras.** ¿Qué se está haciendo en las fronteras de algunos países como Estados Unidos? ¿Será una solución eficaz? En su opinion, ¿es bueno que les cerremos las fronteras a los inmigrantes? ¿Por qué? ¿Se debe permitir la entrada de algunos inmigrantes y prohibir la entrada a otros? ¿Por qué?

9

Nuestro entorno físico

PRIMERA PARTE

A leer

Preparación

9-1 Asociación. Seleccione el lugar donde se realiza cada actividad.

1. selva   litoral   valle

2. pasto   desierto   cordillera

3. campo   altiplano   desierto

4. valle   meseta   selva

5. selva   pasto   desierto

6. valle   litoral   llano

7. bosque   Amazonía   desierto

9-2 La geografía. Seleccione las palabras que se refieren a elevaciones naturales.

altiplano	bosque	desierto	llano	montaña
Amazonía	cordillera	litoral	meseta	valle

9-3 ¿Recuerda el vocabulario? Use la forma apropiada de algunas de las palabras del ejercicio **9-2** para completar el siguiente párrafo sobre la geografía ecuatoriana.

Ecuador es un país que se divide en cuatro zonas: costa, sierra, selva y archipiélago. La costa ecuatoriana se extiende a lo largo de 640 kilómetros, está formada por unos (1) _____ (llanuras entre montes) fértiles, cuencas (*basins*), elevaciones de poca altitud y está llena de playas y balnearios. En la sierra se encuentra la cadena de montañas conocida como la (2) _____ (serie de elevaciones montañosas) de los Andes que cruza el país de norte a sur. En la sierra, los Andes se dividen en dos y así crean una (3) _____ (zona extensa que interrumpe altura) que queda a unos 3.000 metros sobre el nivel del mar. La Amazonía, la parte oriental del país, tiene un gran valor ecológico y etnográfico. Esta región está compuesta por zonas que se distinguen por su elevación: el (4) _____ (zona con altura) y la llanura. En la parte alta, hay una serie de cordilleras entre las cuales hay volcanes. El archipiélago Galápagos cuenta con 13 islas y 17 islotes y es un lugar que el gobierno ecuatoriano protege mucho de la sobrepoblación y de los turistas. En el (5) _____ (zona de playas) de casi todas las islas se encuentran animales que han evolucionado de forma original.

9-4 El clima y la altura. Seleccione la palabra que mejor describa el clima de las siguientes zonas.

1. La Amazonía

   a. helado   **b.** montañoso   **c.** húmedo

2. Europa mediterránea

   a. seco   **b.** helado   **c.** variado

3. El Sahara

   a. helado   **b.** húmedo   **c.** árido

4. La Antártida

   a. caluroso   **b.** helado   **c.** húmedo

5. La cordillera de los Andes

   a. caluroso   **b.** seco   **c.** frío

9-5 Use la forma apropiada de algunas de las palabras del ejercicio **9-4** para completar el párrafo que sigue sobre Guatemala.

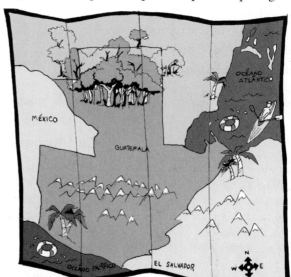

El clima de Guatemala es muy

(1) _____ (tiene mucha variedad) y

las temperaturas de las zonas del país dependen

directamente de su altura. La parte central, por

ejemplo, donde el territorio es básicamente

(2) _____ (tiene muchas montañas),

es muy lluviosa durante los meses de mayo a

septiembre. Por las noches baja la temperatura y el aire

está (3) _____ (de temperatura muy

baja). El extremo norte del país es selvático; por eso

hace calor y con frecuencia hay días muy

(4) _____ (con mucha humedad). En las costas, el clima también es

(5) _____ (de temperatura alta), con temperaturas entre los 20°C y los 37, 2°C.

9-6 ¿Y en su país? Seleccione la palabra que asocia con la geografía y el clima de los siguientes estados.

1. Minnesota

   a. helado   **b.** caluroso   **c.** montañoso

2. Florida

   a. caluroso   **b.** helado   **c.** árido

3. Washington

   a. seco   **b.** caluroso   **c.** variado

4. Nevada

   a. frío   **b.** seco   **c.** helado

5. Montana

   a. caluroso   **b.** húmedo   **c.** montañoso

6. Texas

   a. montañoso   **b.** helado   **c.** caluroso

9-7 Las zonas geográficas. Ahora describa la relación entre las diferentes zonas geográficas de su país, y su clima. ¿Varía mucho la temperatura? Si hay muchos cambios climáticos, ¿en qué meses del año ocurren? ¿Ocurren de acuerdo con la zona del país (montañas, costa, etc.)?

_____

_____

_____

_____

Lectura

9-8 Examine el texto antes de leerlo. Lea el título de la lectura siguiente, junto con la primera oración, y seleccione el tema probable de la lectura.

a. el peligro de la fauna y flora marítimas

b. los cambios de temperatura

c. los tipos de termómetros

d. el clima caluroso

9-9 La lectura. Ahora lea el artículo y, luego, indique si las afirmaciones que siguen son **Ciertas** o **Falsas**.

La temperatura marítima

Las variaciones climáticas pueden afectar la vida de los habitantes de un lugar de diferentes maneras. A veces los cambios de clima provocan efectos tan sutiles (*subtle*) que la gente no los nota, pero en otras ocasiones los efectos climáticos son tan intensos que traen consecuencias catastróficas. El vínculo (*link*) que tenemos con nuestro sistema ecológico es más fuerte de lo que creemos. Los fríos extremos del invierno, las pérdidas de cosechas a causa de las sequías (*droughts*), las inundaciones inesperadas (*unexpected floods*), las olas (*waves*) de calor o los incendios (*fires*) forestales son todos ejemplos de los efectos del clima en nuestra vida.

Los últimos cambios climáticos más fuertes se han asociado con El Niño, un fenómeno que se observó inicialmente a principios del siglo XVII. Unos científicos peruanos fueron los primeros en notar que las aguas del océano Pacífico se calentaban en intervalos y provocaban una serie de catastróficas inundaciones a zonas áridas de la costa. Ellos también se dieron cuenta de que las anomalías en las temperaturas duraban un año o más.

Este intervalo de aguas calientes del Pacífico, a lo largo de las costas del oeste de Sudamérica alrededor de Navidad, se llama El Niño, por el Niño Jesús. La elevación en la temperatura de las aguas del océano produce grandes anomalías en la atmósfera y causa mucha más precipitación, inundaciones y erosión de tierra que afectan las vías de transporte y la agricultura. También se asocian con El Niño las sequías en Indonesia, Australia y el noreste de Sudamérica. Los efectos de este fenómeno alcanzan incluso Norte América. Pero también ocurre un fenómeno contrario a El Niño, La Niña. Estos periódicos extremos de frío en el Pacífico traen efectos semejantes o incluso peores a los de El Niño.

1. El clima afecta nuestras vidas de distintas maneras, a veces con efectos leves y a veces con efectos enormes.	Cierto	Falso
2. No existe ninguna conexión entre los seres humanos y el medio ambiente.	Cierto	Falso
3. El clima puede afectar nuestra vida.	Cierto	Falso
4. El Niño es un fenómeno climático que se asocia con grandes cambios de temperatura.	Cierto	Falso
5. Con El Niño el agua del Océano Pacífico se calienta durante el mes de diciembre.	Cierto	Falso
6. Hay un fenómeno que enfría las aguas del Pacífico y tiene consecuencias peores que las del Niño.	Cierto	Falso

9-10 Su turno. Mencione un fenómeno climático que usted conozca o haya visto durante su vida e indique lo siguiente:

¿Cómo se llama?

¿Dónde ocurre?

¿Cuáles son sus características?

¿En qué época del año ocurre?

¿Cuáles son los efectos de este fenómeno en el lugar y la gente?

¿Ocurre este fenómeno donde usted vive?

_____

_____

_____

_____

9-11 El clima y la salud del planeta. Seleccione la forma correcta del futuro para completar las siguientes oraciones.

1. Los cambios climáticos (afectaré / afectará / afectarán) el medio ambiente.

2. Todo el mundo (sentiré / sentirá / sentirán) los cambios poco a poco.

3. El medio ambiente (dejará / dejarás / dejarán) de ser lo que fue.

4. Muchas personas (ver / verá / verán) que los pronósticos de grupos como Greenpeace se (llevará / llevarás / llevarán) a cabo.

5. Algunas naciones (tendrá / tendrán / tendremos) que implementar políticas duras para reducir emisiones tóxicas en el medio ambiente.

6. El Acuerdo de Kyoto se (revisará / revisarán / revisaré) y lo (aprobarás / aprobarán / aprobarás) casi todos los países industrializados.

7. También (seré / serás / será) fundamental proteger el medioambiente porque así (sobrevivirán / sobrevivirás / sobreviviremos) los animales y las plantas de los cuales dependemos.

8. Es obvio que poco a poco todos nosotros nos (interesará / interesaremos / interesarán) más en el planeta y su flora y fauna.

9-12 Los planes para la Red Interamericana de Información sobre la Biodiversidad (IABIN en inglés). Use la forma apropiada del futuro de los verbos para completar los siguientes párrafos.

Al considerar la importancia de la protección de la biodiversidad en las Américas, la Organización de Estados Americanos ha facilitado la creación de la Red Interamericana de Información sobre la Biodiversidad (IABIN).

Este proyecto (1) _____ (ser) un foro de cooperación técnica y científica en Internet que

(2) _____ (buscar) la promoción de una mayor coordinación entre los países del hemisferio occidental en materia de recolección, intercambio y uso de información sobre la biodiversidad. Esta red se

(3) _____ (implementar) al nivel regional de la siguiente manera:

- (4) _____ (Estimar) las necesidades de información sobre la biodiversidad para la comunidad de cada región.

- (5) _____ (Coordinar) los estándares, protocolos, herramientas (*tools*) y metodologías para integrar información en la red.

- (6) _____ (Poner) en funcionamiento las herramientas para la búsqueda automática de datos sobre la biodiversidad.
- (7) _____ (Crear) proyectos de colaboración para compartir conocimientos.
- (8) _____ (Preparar) a los proveedores de datos en el uso de la red.

Las iniciativas del proyecto IABIN harán lo siguiente:

- (9) _____ (Dar) acceso a la información para la adopción de decisiones.
- (10) _____ (Mejorar) la conservación de la biodiversidad y desarrollo sostenible.

9-13 La amenaza (*threat*) del efecto invernadero. Use la forma apropiada del futuro para completar el siguiente párrafo acerca de los efectos climáticos en la biodiversidad.

El profesor Chris Thomas de la Universidad de Leeds en Gran Bretaña encabezó un estudio que concluye que para el año 2050 los cambios climáticos (1) _____ (llevar) a millones de especies a la extinción. Thomas, junto con los otros investigadores de este estudio, aseguran que la información de seis regiones diferentes sugiere que un 25% de los animales y plantas que viven en el planeta (2) _____ (desaparecer) si las condiciones del efecto invernadero continúan. Algunas especies no (3) _____ (tener) un clima propicio para vivir y muchas otras no (4) _____ (poder) llegar a las regiones donde aún existen condiciones que garanticen su supervivencia. En varios casos, los hábitats (5) _____ (irse) reduciendo o desapareciendo y las especies invasoras (6) _____ (competir) por lo que quede. La ONU afirma que este peligro también amenaza a millones de personas que dependen de la naturaleza. Los científicos también indican en su estudio que la reducción de los gases que producen el efecto invernadero y del dióxido de carbono (7) _____ (salvar) a muchas especies de su extinción total.

9-14 Aclaraciones. En la Conferencia de Diversidad Biológica se discuten muchos temas. Lea las siguientes declaraciones y escoja una de ellas. Prepare una lista de propuestas para la implementación de su declaración. Luego, presente sus propuestas oralmente, usando el futuro.

1. El secretario del Medio Ambiente de México experimentó personalmente la pobreza. Por eso, en nombre de su país, pide nuevas reglas que les garanticen los beneficios de la riqueza natural a los indígenas y a los grupos más pobres.
2. El secretario del Medio Ambiente también reconoce que la implementación progresiva del Tratado de Libre Comercio de América del Norte (TLCAN/NAFTA) está perjudicando la riqueza forestal de México. Pide protecciones para los bosques mexicanos.
3. La delegada brasileña pide reglas para luchar contra la biopiratería (*biopiracy*); es decir, la apropiación de plantas y hasta conocimientos indígenas por parte de las compañías internacionales.

9-15 Y usted, ¿qué opina? Responda a las siguientes preguntas sobre la protección del medio ambiente.

1. ¿Qué medidas deberán tomar primero los países del mundo para salvar el medio ambiente y la biodiversidad? ¿Por qué?
2. ¿Qué pasará si no hacen nada?

_____

_____

_____

_____

9-16 Use su imaginación. Imagínese que usted fuera candidato/a a la presidencia del país. Indique las cosas que haría para proteger el medio ambiente.

1. Para limpiar los ríos y lagos,
   a. pediría la contribución de los voluntarios.
   b. no daría fondos a agencias que se dedican a la ecología.
   c. no multaría a las industrias que contaminan.

2. Para reducir la deforestación,
   a. eliminaría las oportunidades para plantar más árboles.
   b. aumentaría las talas.
   c. daría incentivos a las compañías que reciclan su papel.

3. Para mejorar la calidad del aire,
   a. no obligaría el control de la emisión de gases por parte de las industrias.
   b. invertiría en iniciativas alternativas.
   c. no contrataría a expertos para que me aconsejen.

4. Para hacer a cada ciudadano más responsable del ambiente,
   a. eliminaría los incentivos para el reciclaje de cada familia.
   b. no controlaría el número de contenedores de basura que cada familia puede poner fuera de su casa semanalmente.
   c. autorizaría la creación de programas educativos para las escuelas primarias y secundarias.

9-17 Situaciones hipotéticas. Complete las siguientes oraciones con la forma correcta del condicional del verbo entre paréntesis.

1. Para comprender bien el problema de la contaminación, nosotros _____ (deber) ver documentales sobre el tema.

2. Para hacer una diferencia en la lucha contra la contaminación, a Javier le _____ (interesar) hacerse miembro de alguna organización.

3. Para contribuir a la protección del medio ambiente, yo _____ (necesitar) reciclar los productos de papel, aluminio y vidrio (*glass*).

4. Para reducir las emisiones tóxicas, las industrias que contaminan _____ (tener) que implementar cambios drásticos.

5. Para no destruir los bosques, ¿tú _____ (reducir) la cantidad de papel que usas?

6. Para crear un ambiente más verde en la universidad, los estudiantes _____ (pedir) la plantación de más árboles y el uso exclusivo de productos orgánicos en la cafetería.

9-18 Yo en tu lugar (*If I were you*). Su amigo/a, quien trabaja en una granja que produce sólo productos orgánicos, se interesa mucho en los derechos humanos. Complete las mini-conversaciones con su amigo/a con una de las dos opciones.

1. Amigo/a: La gente quiere productos más baratos.

   Usted: Yo en tu lugar...
   a. justificaría los beneficios de los productos orgánicos.
   b. usaría fertilizantes químicos para aumentar la producción.

2. Amigo/a: No sé qué hacer con el exceso de zanahorias.

Usted: Yo en tu lugar...
a. las tiraría a la basura.
b. las donaría al banco de alimentos.

3. Amigo/a: Me gusta trabajar en el campo y no en la oficina.

Usted: Yo en tu lugar...
a. pediría trabajar en el campo.
b. me encargaría de las cuentas.

4. Amigo/a: No me gusta tomar los pedidos por teléfono.

Usted: Yo en tu lugar...
a. cambiaría de compañía de teléfonos.
b. hablaría con el jefe.

5. Amigo/a: Prefiero trabajar al aire libre.

Usted: Yo en tu lugar...
a. solicitaría una plaza en el invernadero.
b. convencería al jefe de asignarme un trabajo con el tractor.

6. Amigo/a: No me gusta llevar las cuentas.

Usted: Yo en tu lugar...
a. le diría a mi jefe que tengo otros talentos.
b. me certificaría como contable.

9-19 ¿Qué haría usted? Imagínese que usted es el/la dueño/a de la granja orgánica. ¿Qué cultivaría? ¿Quiénes serían sus clientes? ¿Cómo promocionaría sus productos? ¿A quiénes contrataría para trabajar? ¿Qué cosas evitaría usar en el cultivo de sus productos? ¿Dónde vendería sus productos?

_____

_____

_____

_____

_____

Ventanas al mundo hispano

9-20 Vamos a resumir. Seleccione el mejor resumen del contenido del video que acaba de ver.

1. _____ La deforestación tiene serias consecuencias no solamente en la cantidad de agua disponible en el planeta sino en relación con la biodiversidad del mundo.

2. _____ La deforestación es una estrategia que promueve la estabilidad y el progreso económico de muchos países de América Latina.

3. _____ La deforestación masiva en muchos países de América Latina ha sido denunciada en el Protocolo de Kyoto.

9-21 Diferencias topográficas. En el libro de texto se mencionan diferentes regiones topográficas de España y América Latina. ¿Las recuerda? Asocie las siguientes regiones con el país correcto.

1. _____ La Meseta Central   **a.** Chile y Argentina
2. _____ La Pampa   **b.** Perú
3. _____ La Patagonia   **c.** Argentina
4. _____ El altiplano   **d.** España
5. _____ La selva amazónica   **e.** Bolivia

9-22 Topografía y recursos naturales. Elija dos de las cinco regiones topográficas que se mencionan en el ejercicio **9-21** e identifique los recursos naturales que encontramos en ellas.

1. Región: _____   Recursos: _____

2. Región: _____   Recursos: _____

9-23 Los peligros del mundo en el que vivimos. Se sabe que los recursos del planeta no son ilimitados. El mal cuidado de nuestros recursos naturales está afectando negativamente el mundo actual. Identifique al menos tres de esas consecuencias.

Modelo: *Hay grandes alteraciones climáticas.*

1. _____

2. _____

3. _____

9-24 Consecuencias. Según usted, ¿qué pasará si continúan los cambios climáticos que experimentamos hoy? Escriba algunas de las consecuencias.

Modelo: *Se derretirán más rápidamente los glaciares.*

1. _____

2. _____

3. _____

9-25 Un miembro responsable de su comunidad. Usted es un ciudadado/una ciudadana responsable que ha decidido tomar medidas para mejorar el mundo en que vivimos. Escriba por lo menos cinco iniciativas que usted ha decidido poner en práctica para cuidar mejor el medio ambiente.

MODELO: *Clasificaré los desperdicios orgánicos y los inorgánicos.*

1. _____

2. _____

3. _____

4. _____

5. _____

9-26 ¡Podemos más! ¿Qué haría usted si estas medidas no fueran (*were*) suficientemente eficaces? Mencione algunas soluciones.

MODELO: *Hablaría con el alcalde de mi ciudad sobre la necesidad de disminuir la basura que producimos.*

1. _____

2. _____

3. _____

4. _____

5. _____

SEGUNDA PARTE

A leer

Preparación

9-27 Descripciones. Lea las descripciones y escriba la palabra apropiada del vocabulario.

1. Masa gaseosa alrededor de la Tierra: _____

2. Aumento de la temperatura: _____

3. Reducción progresiva de las masas forestales: _____

4. Deterioro o disminución gradual: _____

5. Porción de un líquido que se sale y se desperdicia (*is wasted*): _____

6. Falta o carencia de lo necesario: _____

7. Residuo, desecho: _____

8. Causa efectos negativos sobre la naturaleza mediante agentes químicos o físicos: _____

9. Riego de sustancia líquida: _____

10. Expulsión de algo: _____

11. Corte de árboles en su base: _____

12. Proceso para hacer algo útil nuevamente: _____

9-28 Asociaciones. Asocie los siguientes verbos del capítulo con su significado.

1. _____ ocupar   **a.** juntar o reunir

2. _____ pescar   **b.** vivir en un territorio

3. _____ llover   **c.** imponer una sanción

4. _____ recoger   **d.** guardar con cuidado

5. _____ evitar   **e.** caer agua de las nubes

6. _____ multar   **f.** sacar peces del agua

7. _____ preservar   **g.** eliminar o lanzar

8. _____ tirar   **h.** impedir o prevenir

9-29 Protegiendo el medio ambiente. Ahora use la forma correcta de los verbos de la columna de la izquierda del ejercicio **9-28** para completar el siguiente párrafo.

A pesar de los esfuerzos (*attempts*) por (1) _____ el medio ambiente durante los últimos veinte años, la pérdida de diversidad biológica en el mundo sigue. Se ha destruido el hábitat por el exceso de cultivo, la contaminación del medio ambiente y la introducción de plantas y animales no nativos. El hábitat es importante tanto para los animales como para el ser humano ya que representa una fuente sostenible de grandes beneficios. Es importante (2) _____ severamente a aquellos individuos e industrias que ponen en peligro la existencia de las especies y de los ecosistemas. En este caso esto se puede (3) _____ mediante la cooperación internacional de pactos como el Acuerdo de Kyoto.

Todos los países deben (4) _____ datos, evaluar y estudiar la biodiversidad. De los animales y plantas se extraen substancias que pueden mejorar la salud e incluso curar enfermedades que hoy son mortales.

No se sabe con exactitud cuántos animales u organismos hay en el mundo, pero lo que sí se tiene claro es que la pérdida de una especie puede significar mucho más que la desaparición de un grupo de animales. Por eso, se necesita proteger las zonas y no (5) _____ espacios de los cuales los animales dependen.

9-30 La biodiversidad. Complete el siguiente párrafo con la opción más apropiada de la lista.

de repente	a lo largo de	tomar medidas
peligro	pérdida	

La (1) _____ (desaparición) de especies o la degradación de la biodiversidad pone en

(2) _____ (riesgo, posible daño) el bienestar (*well-being*) del planeta, la vida de los animales y la salud de todos los humanos. La riqueza genética que ofrecen los ecosistemas (3) _____ (junto a) bosques, sabanas, praderas, desiertos, tundras, ríos, lagos y mares es insustituible. Además, la rápida extinción de algunas especies no les permite a los científicos documentar o investigar la contribución de las células de ciertas plantas en la cura de algunas enfermedades. El empobrecimiento (*impoverishment*) de la biodiversidad, por lo tanto, representa un problema serio para nuestra generación. Pero no es un problema que ha surgido (4) _____ (súbitamente, inesperadamente). Es importante apoyar a las organizaciones que protegen el medio ambiente y es necesario (5) _____ (implementar planes de acción) que reducen los efectos nocivos sobre el medio ambiente y la biodiversidad.

9-31 Las iniciativas de conservación de hoy en día. En casi todo el mundo se explota indiscriminadamente la naturaleza. Seleccione una organización de la lista. Haga una presentación oral en la que describa sus actividades. Puede buscar información en Internet para preparar su presentación.

- The Nature Conservancy
- Sierra Club
- Evergreen State College
- Greenpeace
- ONU (La Organización de las Naciones Unidas)

9-32 Y usted, ¿qué opina? Imagínese que usted contribuye frecuentemente en la sección de opinión al periódico de su universidad. Escriba brevemente lo que opina sobre la lucha por el medio ambiente, las contribuciones de películas como *Una verdad inconveniente*, narrada por Al Gore, y el "movimiento verde".

_____

_____

_____

_____

_____

_____

Lectura

9-33 Buscar la coherencia. Lea el título y las dos primeras oraciones del artículo que sigue y conteste las siguientes preguntas.

1. El tema del artículo es...
   a. la lucha entre dos países.
   b. el conflicto entre los intereses ecológicos y los intereses monetarios.
   c. la pelea por un territorio lleno de petróleo.

2. En la Amazonía este conflicto es...
   a. poco claro.
   b. nada urgente.
   c. más obvio.

9-34 ¿Cierto o falso? Lea todo el artículo y, luego, indique si las afirmaciones que siguen son **Ciertas** o **Falsas**.

La búsqueda de petróleo y sus percances

El conflicto entre el medio ambiente y los intereses económicos ha existido desde hace mucho tiempo. En la zona de la Amazonía y otras áreas selváticas esta lucha es aún más inmediata por el rastreo (*search*) del petróleo. En la explotación de este recurso natural se enfrentan los intereses locales de los indígenas además de los intereses económicos nacionales e internacionales.

En Ecuador, por ejemplo, el presidente Rafael Correa ha hecho una proposición llamativa: abandonar el desarrollo de un campo petrolero en una reserva natural con tal que su país reciba compensación económica directa, o compensación indirecta, es decir, el perdón de su deuda externa. El gobierno de Correa busca recibir aproximadamente 350 millones de dólares durante un periodo de diez años de fuentes internacionales, una cantidad que representa más o menos el 50% de lo que serían sus ganancias de la exportación de petróleo crudo extraído del parque nacional Yasuni. Se estima que esta área selvática contiene unos 1.000 millones de barriles (*barrels*) de crudo que no se ha extraído después de ser declarada reserva de la biosfera por la UNESCO. Aunque la intención del gobierno ecuatoriano es preservar el parque, los posibles ingresos son esenciales para la economía del país. Desafortunadamente lo que no entra en esta discusión son los intereses locales de proteger la flora y la fauna. Aunque el petróleo del parque nacional Yasuni provea lucro económico para el país, es posible que al mismo tiempo ponga en peligro la vida de sus ciudadanos y la del medio ambiente, como ocurre con la zona de Loreto en Perú.

En el territorio de Loreto, una amplia zona selvática peruana, donde los indios Achuar han vivido desde hace miles de años en armonía con el medio ambiente, continúan las protestas de los indígenas frente a la amenaza constante de su vida desde hace más de 35 años. Según la Federación de Comunidades Nativas del Río Corrientes, la extracción de un barril de petróleo produce nueve barriles de agua contaminada con hidrocarburos y metales pesados. Está zona produce aproximadamente un millón de barriles de petróleo al día, lo cual ha destruido el frágil ecosistema, matando peces y otros animales, contaminando el agua alrededor y provocando efectos negativos en la salud.

1. El conflicto entre el bienestar del medio ambiente y el capitalismo es algo nuevo.	Cierto	Falso
2. En Ecuador están considerando explotar el petróleo que está en un parque nacional.	Cierto	Falso
3. El presidente ecuatoriano dice que la paralización de la extracción del petróleo será necesaria.	Cierto	Falso
4. El gobierno de Ecuador abandonará sus planes si no recibe la mitad de lo que posiblemente ganaría por la explotación del petróleo de esta zona.	Cierto	Falso
5. Ecuador aceptaría la compensación directa o la disculpa de deudas.	Cierto	Falso

6. La zona de Yasuni es una zona protegida.　　　　　　　　　Cierto　　Falso

7. La extracción del petróleo ocurre sin la contaminación de hidrocarburos o metales pesados.　　　　　　　　　Cierto　　Falso

8. La búsqueda de petróleo en el Perú ocurre sin afectar a la gente y el medio ambiente.　　　　　　　　　Cierto　　Falso

9-35 Correcciones. Ahora corrija las oraciones falsas con la información correcta.

_____

_____

_____

_____

9-36 En tu opinión. ¿Por qué es difícil proteger el medio ambiente en las zonas mencionadas en la lectura? ¿Existe este problema en Estados Unidos?

_____

_____

_____

_____

_____

_____

Aclaración y expansión

9-37 En caso de emergencia. Los desastres naturales a veces tienen efectos catastróficos. Seleccione la reacción más lógica en las siguientes situaciones.

1. En caso de tornado,
    a. abriré todas las ventanas.
    b. ignoraré los avisos de la policía antes de que llegue el tornado.
    c. protegeré las ventanas de mi casa a menos de que no tenga tiempo.

2. En caso de una avalancha,
    a. trataré de evitarla con tal de que sea posible.
    b. jamás haré señas (*gestures*) con las manos en caso de que alguien me vea.
    c. me quedaré mucho tiempo bajo la nieve sin que me falte el oxígeno.

3. En caso de un terremoto,
    a. no me pondré bajo una estructura sólida para que me proteja.
    b. intentaré mantener la calma con tal de que el terremoto no dure mucho.
    c. no compraré una póliza de seguros buena en caso de que mi propiedad sufra daños.

4. En caso de una inundación,
    a. correré con los brazos en alto antes de que las aguas me cubran completamente.
    b. no ayudaré a mis vecinos aunque me lo pidan.
    c. pondré sacos de arena para proteger los diques a menos que el flujo de agua sea muy fuerte.

9-38 Zonas de peligro. Seleccione las condiciones más lógicas bajo las cuales algunas personas estarían dispuestas o no a hacer algo en las siguientes zonas.

1. De existir un buen camino para escapar en caso de una erupción, yo...
   a. viviría cerca de un volcán.
   b. preferiría no vivir cerca de un volcán.

2. Sólo para disfrutar del calor y del hermoso paisaje...
   a. mis amigos y yo subiríamos los Alpes.
   b. mis abuelos escalarían los Alpes.

3. Puesto que representa un peligro inminente,
   a. muchas personas no vivirían en ciudades que estén sobre la falla de San Andrés.
   b. a muchos les encantaría comprar una casa cerca de la falla de San Andrés.

4. A menos que le gustara (*Unless he liked it*),
   a. mi novio no iría a un lugar con clima helado.
   b. mi novio pasaría una vacaciones fabulosas en un lugar con clima frío.

9-39 En su región. Describa el tipo de catástrofe natural que es más común en su región o en una región cercana. Use las conjunciones apropiadas para explicar lo que hará para prepararse para la catástrofe, sobrevivir el daño y recuperar su estilo de vida anterior.

_____

_____

_____

_____

_____

9-40 El huracán Katrina. Examine las siguientes oraciones sobre la catástrofe natural en Nueva Orleáns e indique si son **Ciertas** o **Falsas**. Seleccione la opción adecuada.

1. Los ciudadanos de Nueva Orleáns se subieron sobre los techos de sus casas cuando se dieron cuenta de que el agua subía.   Cierto   Falso

2. Las reparaciones a la ciudad se completarán en cuanto haya fondos suficientes.   Cierto   Falso

3. Sólo el 20% de la población abandonó Nueva Orleáns después de que pasó la tormenta.   Cierto   Falso

4. Casi todos los habitantes de Nueva Orleáns volvieron a la ciudad tan pronto como mejoraron las condiciones allí.   Cierto   Falso

5. Pronto Nueva Orleáns recuperará todo lo que perdió aunque muchos piensen que no sea posible.   Cierto   Falso

9-41 Un concierto malogrado por el tiempo. Imagínese que usted y sus amigos pensaban ir a un concierto, pero hace muy mal tiempo. Seleccione la conjunción que completa mejor las oraciones.

1. No quiero llevar paraguas (mientras / tan pronto como / aunque) creo que lo necesitaremos.

2. No queremos perdernos el concierto (según / como / cuando) lo hicimos la última vez que vino este conjunto.

3. Invita a Joaquín (cuando / hasta que / donde) lo veas, ya que Sandra no puede acompañarnos.

4. El concierto va a empezar (tan pronto como / aunque / mientras) llegue el cantante, que siempre llega tarde.

5. Es mejor ir en autobús (después de que / mientras / en cuanto) sea todavía barato.

6. La entrada del estadio, (donde / como / cuando) nos protegimos de la tormenta la última vez que vimos el partido, va a estar llena de gente.

9-42 Los intereses ecológicos. Complete cada frase con la forma del presente indicativo o el presente subjuntivo según sea necesario.

1. Yo empecé a trabajar para el Club Sierra en cuanto (tuve / tenga) el dinero para la membresía.

2. Todos colaboramos cuando nos (permiten / permitan) nuestros horarios.

3. Tú, por ejemplo, siempre vas a la oficina central después de que (terminen / terminan) las clases.

4. Nosotros vamos a empezar una campaña tan pronto como (tenemos / tengamos) suficientes fondos.

5. Anunciaremos las reuniones en el periódico hasta que nos (empiezan / empiecen) a cobrar.

6. Vamos a escribir cartas aunque no siempre (sabemos / sepamos) si son una buena solución.

9-43 Algunas sugerencias. Usted hace algunas recomendaciones para salvar al planeta. Completen las recomendaciones para salvar el planeta con la forma apropiada del subjuntivo de los verbos entre paréntesis.

1. Use las bombillas de luz de bajo consumo aunque _____ (costar) más.

2. Apague la luz cuando (usted) _____ (salir) de una habitación.

3. Gradúe el termostato en cuanto _____ (cambiar) la temperatura.

4. Espere para lavar la ropa hasta que la lavadora _____ (estar) llena.

5. Hierva solamente el agua que necesita a menos que (usted) _____ (querer) malgastar dinero.

6. Compre alimentos de temporada cuando (usted) _____ (poder).

9-44 Nuestra dependencia. ¿Dependemos demasiado de la tecnología? ¿Hay algunos aparatos electrónicos sin los que no se pueda sobrevivir? ¿Para que sirven? ¿Cree que sería difícil vivir sin estos aparatos? ¿Por qué? Haga una presentación oral en la que explique su opinión sobre el tema de nuestra dependencia de la tecnología.

Algo más

9-45 Medidas del ciudadano medio (*average*). Haga una lista de cinco maneras en que el ciudadano medio puede contribuir a la conservación del medio ambiente. Use los verbos + el infinitivo, como en el modelo.

Modelo: *Necesitamos usar productos reciclables al máximo.*

1. _____ .

2. _____ .

3. _____ .

4. _____ .

5. _____ .

A escribir

9-46 ¡Vamos a narrar! Escoja uno de los siguientes temas y desarróllelo según las indicaciones.

1. **Un campus ecoamigable.** Escriba un artículo para el periódico de su universidad sobre las medidas ecológicas allí en su universidad. Discuta las medidas que ya tomó la administración de su universidad para evitar la contaminación y las medidas que tomará en el futuro para proteger aún más el medio ambiente.

2. **¿Fanatismo?** Usted escribe un informe para su clase de estudios ambientales. El profesor quiere que enfoque su informe en una de las organizaciones interesadas en la protección del medio ambiente y los animales. Seleccione un grupo como PETA o Greenpeace y describa sus metas, las medidas que usan para promover sus objetivos y lo que opinan sus defensores y sus detractores.

3. **Un nuevo grupo.** Imagine que usted es el líder de un grupo que se dedica a la protección de los bosques tropicales. Escriba un artículo en el cual detalla los problemas contra los que luchan, las causas y las medidas por las que su grupo aboga (*advocates*).

_____

_____

_____

_____

_____

A explorar

9-47 El Tratado de Kyoto. Averigüe en Internet de qué se trata este pacto. ¿Quiénes lo han firmado? ¿Quiénes no? ¿Debería Estados Unidos firmar este pacto? ¿Por qué o por qué no?

10
Nuestro futuro

PRIMERA PARTE

A leer

Preparación

10-1 Los avances tecnológicos. Ponga las siguientes palabras en la categoría más lógica.

beneficio	importación	prosperidad
desarrollo	libre comercio	trabajo infantil
exportación		

Avances o éxitos	Intercambio de productos y dinero	Condiciones negativas o adversas

10-2 Los beneficios de los avances tecnológicos. Ahora, complete los siguientes párrafos con la forma correcta de las palabras más apropiadas de la lista del ejercicio **10-1**.

Últimamente, los avances tecnológicos en el mundo de la informática y de la medicina han traído muchos

(1) _____ (provechos) que permiten que los médicos, por ejemplo, limiten, prevengan y

curen muchas enfermedades. Sin duda, los grandes avances se han alcanzado gracias a las inversiones privadas y

gubernamentales designadas a la investigación. El (2) _____ (progreso) en los medios de

comunicación se ha facilitado gracias a la computadora. Esta herramienta ha permitido, entre otras cosas, la

comunicación visual instantánea desde lugares remotos.

Muchas empresas producen mercancía para la venta local o para la (3) _____ (venta de

productos en otro país). Ahora han surgido muchas compañías, como las de telecomunicaciones, que proveen

servicios a una clientela con altos niveles de poder adquisitivo.

La (4) _____ (éxito económico) que el (5) _____ (negocio sin límites)

trae para algunas compañías se debe a tratados de comercio como TLCAN.

10-3 El progreso. Asocie los verbos de la columna izquierda con el significado más apropiado de la columna de la derecha.

1. _____ aprovechar		**a.** seleccionar, escoger
2. _____ aumentar		**b.** conversar, dialogar
3. _____ elegir		**c.** producir o manufacturar
4. _____ entrevistar		**d.** emplear útilmente, beneficiarse de algo o alguien
5. _____ extrañar		**e.** causar, motivar o incitar
6. _____ fabricar		**f.** juntar o reunir algo o a alguien
7. _____ invertir		**g.** hacer crecer en tamaño, incrementar
8. _____ obedecer		**h.** echar de menos a alguna persona o cosa
9. _____ olvidarse		**i.** pronosticar un evento en el futuro
10. _____ predecir		**j.** emplear bienes capitales para negocios productivos
11. _____ provocar		**k.** no recordar o carecer memoria de algo o alguien
12. _____ unir		**l.** seguir o respetar las reglas u órdenes

10-4 En contexto. Seleccione los verbos correctos para completar el siguiente párrafo.

Algunas industrias multinacionales (1) (entrevistaron / predijeron / invirtieron) capital en diversas partes del mundo con el propósito de (2) (fabricar / aumentar / obedecer) productos más económicos y así (3) (extrañar / aumentar / disminuir) las ganancias, pero esta iniciativa (4) (unió / invirtió / provocó) la desvalorización del trabajo y de los trabajadores que llevan a cabo la mano de obra. Con frecuencia estas grandes compañías (5) (elijen / entrevistan / extrañan) las innovaciones tecnológicas y (6) (aumentan / invierten / se olvidan) del factor humano a favor del aumento de la productividad. También se crean industrias como las maquiladoras que (7) (se aprovechan / obedecen / unen) de las necesidades de trabajo de la población local para mantener los salarios bajos y extender las jornadas laborales. En México, la apertura de maquiladoras, especialmente en las fronteras, no ha sido la solución para el atraso económico del país como algunos economistas (8) (unían / entrevistaban / predecían). Aunque las maquiladoras han ayudado parcialmente a resolver el desempleo, no han elevado el nivel de vida en general.

10-5 Desde su punto de vista. Use los verbos de la lista del ejercicio **10-3** para describir los beneficios y los problemas que han surgido a causa de las maquiladoras fronterizas y los cambios que le gustaría ver a usted. ¿Quiénes han beneficiado de este tipo de industria? ¿Qué cambios sería bueno implementar?

_____

_____

_____

_____

_____

_____

Lectura

10-6 Anticipe el contenido. Lea el título de la lectura del ejercicio **10-8** y, luego, identifique el tipo de información que espera encontrar.

❑ pronósticos de horóscopo

❑ posibles eventos catastróficos en el futuro

❑ medidas para detener los efectos negativos de la globalización

❑ problemas que vamos a enfrentar si no reciclamos

10-7 Examine el texto. Lea la primera oración de cada párrafo y seleccione la alternativa que completa cada una de las afirmaciones.

1. Un grupo de intelectuales y políticos considera que la autosuficiencia (*self-sufficiency*) es...
   a. un error actual.
   b. una posible solución.
   c. una regla del comercio global.

2. Es posible que la _____ solucione los efectos negativos de la globalización.
   a. autonomía
   b. directiva
   c. localización

3. La localización consiste en la...
   a. autosuficiencia.
   b. independencia.
   c. globalización.

4. La localización implica que los consumidores deben usar sólo lo que se considera...
   a. un lujo.
   b. global.
   c. necesario.

10-8 ¿Cierto o falso? Lea el siguiente artículo e indique si las siguientes afirmaciones son **Ciertas** o **Falsas** según el contenido de la lectura.

La localización: una alternativa a la globalización

Un grupo de intelectuales y políticos considera que las reglas actuales del comercio global son un error que puede remediarse mediante la autosuficiencia. Es más, para algunos la globalización es un camino equívoco que hay que evitar a toda costa, pero el reto está en buscar soluciones alternativas al sistema actual de comercio mundial. No basta con sólo oponerse a la globalización, sino que es fundamental proponer medidas factibles ahora para remediar los efectos que se han empezado a observar en varios países.

Lo que hoy se conoce como la localización es una de las vías alternativas que se propone como una posible solución a los efectos negativos de la globalización. Según Colin Hines, un ejecutivo de Greenpeace, la localización del comercio de cualquier país necesitaría varias medidas y no todas fáciles o baratas. Para establecer más autonomía económica nacional, por ejemplo, sería fundamental establecer estrictos controles del flujo de capital. También sería importante que las fábricas y otras industrias vendieran sus productos sólo al nivel nacional, pero para esto habría que crear leyes que impidieran el éxodo de empresas a lugares donde la mano de obra es más barata e introducir una serie de tarifas y cuotas que protegieran la fabricación de productos locales. Además, si impusiéramos impuestos ecológicos y reorientáramos los objetivos de asistencia económica gubernamental y comercial, contribuiríamos a la reconstrucción de las economías locales de forma más permanente.

En otros términos, la localización consiste en la autosuficiencia de cada país: algo que se alcanzaría si los gobiernos se enfocaran en la producción y el comercio sólo al nivel nacional. Lo alcanzaríamos también si fomentáramos el consumo de productos nacionales y protegiéramos activamente nuestra economía local aunque significara la imposición de tarifas.

La localización no implica el rechazo (*rejection*) del comercio internacional, sino más bien la limitación del consumo a lo que se considere necesario. De este modo no sólo se apoyaría los negocios y productos locales sino que también se reduciría el nivel de contaminación que proviene del transporte de mercancía que viene de lugares lejanos.

1. No todos los efectos de la globalización han sido positivos.	Cierto	Falso
2. Sería fundamental ofrecer posibles soluciones en vez de simplemente oponerse a la globalización.	Cierto	Falso
3. La localización sería una solución, pero es difícil alcanzarla.	Cierto	Falso
4. La autonomía local mejoraría con tal que pudiéramos monitorear el dinero que entra y sale del país.	Cierto	Falso
5. No sería importante que las fábricas vendieran sus productos a nivel local para mejorar la economía nacional.	Cierto	Falso
6. Para mejorar la economía nacional no sería buena idea que impusiéramos un impuesto ecológico.	Cierto	Falso
7. La localización es una forma de incrementar el comercio internacional de mercancía.	Cierto	Falso
8. La localización de la economía ayudaría a reducir el nivel de contaminación que se asocia con el transporte de la mercancía.	Cierto	Falso

10-9 Correcciones. Ahora escriba de nuevo las afirmaciones falsas en la actividad **10-8**, corrigiendo la información, según el contenido del artículo.

_____

_____

_____

_____

10-10 Los beneficios de la localización. ¿Qué beneficios podemos esperar con la localización de la economía? ¿Es fácil alcanzar la localización? ¿Cree que la localización es una buena alternativa a la globalización? ¿Por qué?

_____

_____

_____

_____

_____

_____

_____

_____

_____

Aclaración y expansión

10-11 Use su imaginación. Imagínese que usted es un/a candidato/a para la presidencia del país. Indique lo que haría si ganara las próximas elecciones. Seleccione la opción que mejor complete cada oración.

1. Recomendaría que el gobierno federal (ofrezca / ofreciera) acceso a todos los ciudadanos al cuidado de salud.

2. Exigiría que las escuelas (paguen / pagaran) mejor a los profesores.

3. Ayudaría a los países pobres para que (reduzcan / redujeran) el número de inmigrantes indocumentados que cruzan las fronteras.

4. Tendríamos mejores relaciones con otros países con tal que (adoptemos / adoptáramos) medidas más diplomáticas para comunicarnos.

5. Durante mi período trabajaría como si (sea / fuera) el primer día que asumí el puesto.

6. Si (haya / hubiera) problemas serios, los discutiría abiertamente con ustedes.

10-12 Lo que se pudo hacer en el pasado. Complete las siguientes oraciones con la forma correcta del verbo entre paréntesis. Use el presente subjuntivo o el imperfecto del subjuntivo.

1. Debimos establecer medidas más eficaces para que el público _____ (proteger) el medio ambiente.

2. Muchos europeos querían estudiar más los efectos secundarios del consumo de alimentos genéticamente modificados antes de que las multinacionales los _____ (distribuir) al mercado de la Unión Europea.

3. Por los graves daños del efecto invernadero, el experto nos dijo que era muy importante que nosotros _____ (reducir) las emisiones de contaminantes en el aire.

4. A muchas personas no les sorprendió que California _____ (adoptar) medidas ecológicas.

5. El problema de los inmigrantes indocumentados no se solucionará a menos que nosotros _____ (examinar) las causas que los motiva a venir acá.

6. Es una lástima que algunas personas no _____ (tener) conocimiento de los problemas de los inmigrantes indocumentados.

10-13 Lógica. Complete cada oración con la forma correcta de los verbos.

1. Sería buena idea que el gobierno subvencionara el costo de computadoras para que idealmente todos los estudiantes (tengan / tuvieran / tienen) acceso a ellas.

2. Me alegró mucho saber que algunos candidatos presidenciales (quisieron / quisieran / querrán) discutir la economía en términos concretos.

3. Antes dudaba que las organizaciones no gubernamentales (puedan / pudieran / pueden) hacer algo para solucionar los problemas, pero ahora creo que sí lo pueden hacer.

4. Varios países empezaron a implementar estrictas legislaciones en caso de que (hubo / hubiera / hay) abusos.

5. Más y más gente empezó a depender de las computadoras porque fue necesario que la información (esté / estuviera / está) digitalizada.

6. El acceso a Internet nos permitió hacer viajes virtuales sin que (tengamos / tuviéramos / tenemos) que estar presentes.

7. Muchas personas predijeron la llegada de innovaciones en el campo de la computación antes de que (ocurran / ocurrieran / ocurren).

8. Las computadoras no funcionaron sin que los técnicos (pusieron / pongan / pusieran) los programas adecuados.

10-14 ¿Qué debemos hacer? Seleccione la frase que completa lógicamente la oración para indicar lo que tiene que cambiar para que el mundo funcione mejor.

1. _____ Es una buena idea compartir la riqueza con las naciones pobres…

2. _____ Es mejor que reduzcamos los costos de los medicamentos…

3. _____ Las relaciones interpersonales sufrirán…

4. _____ No será necesario ir a clase…

5. _____ El gobierno tiene que intervenir…

6. _____ Podremos comprar todo lo que necesitemos en Internet…

7. _____ Todas las casas se construirán con equipos que conserven energía…

8. _____ Todos estaremos más contentos…

a. para que reduzcamos la desigualdad económica.

b. a menos que el profesor esté bien de salud.

c. en caso de que la situación empeore y se convierta en un asunto de seguridad nacional.

d. sin que las autoridades tengan que gastar mucho dinero para adornar la ciudad.

e. con tal que nos comuniquemos sólo por computadora.

f. antes de que la gente que los necesita no pueda comprarlos.

g. con tal que los comerciantes sean honestos.

h. antes de que se acabe (*is used up*) el petróleo.

10-15 Lo que querría ver yo. Tome unos momentos para examinar la lista de problemas actuales, y diga lo que le gustaría que se hiciera en uno de los casos.

1. El calentamiento global

2. El traslado de multinacionales a países con mano de obra barata

3. La contaminación causada por las industrias multinacionales

4. El número de automóviles en las calles y las carreteras

10-16 Un mundo diferente. Imagínese que usted pudiera cambiar unos problemas del mundo. ¿Qué cambios haría para solucionar el problema de la pobreza? Primero, explique su propuesta. Luego, diga qué haría para que el público aceptara sus propuestas. ¿Qué haría para imponer su solución en las industrias?

_____

_____

_____

_____

_____

Ventanas al mundo hispano

10-17 ¿Sinónimos? Las palabras a continuación son empleadas con frecuencia para referirse a algunos extranjeros. Asocie cada palabra con la definición correcta.

1. _____ inmigrante
2. _____ exiliado
3. _____ refugiado

a. persona separada de su país de origen generalmente por problemas políticos

b. persona que a consecuencia de guerras, revoluciones o conflictos internos bélicos se ve obligada a buscar asilo en otro país

c. persona que generalmente llega a otro país en busca de la libertad o de mejores oportunidades laborales

10-18 Causas y soluciones. Vuelva a leer las causas de la emigración que usted anotó en la actividad **10-12** del libro de texto. Escriba las razones que, según usted, motivan a las personas a emigrar. Luego, indique algunas soluciones para evitar que las personas decidan abandonar su país.

_____

_____

_____

_____

10-19 ¿Recuerda usted? Primera fase. En el libro de texto, se menciona que España y México representan dos caras del complejo problema de la emigración. Mencione algunos problemas asociados con ella.

Para el país donde llegan ciudadanos de otros países:

_____

_____

_____

Para el país de donde salen sus propios ciudadanos:

_____

_____

_____

Segunda fase. ¿Qué propondría usted para solucionar estos problemas?

_____

_____

_____

_____

10-20 Inmigrantes ilegales. Primera fase. A las estadísticas oficiales de inmigrantes en distintos países debe sumarse un número importante de indocumentados o inmigrantes ilegales. ¿Qué beneficios tendrían estos indocumentados si pudieran legalizar su situación?

_____

_____

_____

_____

_____

Segunda fase. ¿Qué ventajas tendría la legalización de los indocumentados para el país donde viven?

_____

_____

_____

_____

10-21 Criterios de inmigración. Si usted tuviera la oportunidad de dirigirse al Congreso de Estados Unidos, ¿qué criterios de selección propondría para la entrada de nuevos inmigrantes a este país? Mencione estos criterios y diga por qué son importantes.

SEGUNDA PARTE

A leer

Preparación

10-22 Sabihondo/a (*Know-it-all*). Escriba las palabras a las que se refieren las siguientes definiciones o descripciones. Luego calcule su puntaje: un punto por respuesta correcta al nivel novato; dos puntos por repuesta correcta a los niveles licenciado y experto.

NOVATO

1. Un aparato que permite tomar fotos y grabarlas en una computadora:

_____

2. Un tipo de ordenador que por su tamaño se puede llevar consigo a varios sitios:

_____

3. Un sistema de comunicación escrita entre usuarios de computadoras:

_____

LICENCIADO

4. Un aparato que lleva una persona y suena para indicar que alguien quiere comunicarse con ella:

_____

5. Un accesorio de una computadora que el usuario usa para escribir su texto:

_____

6. Un aparato eléctrico que permite tocar escenas o secuencias filmadas en forma digital:

_____

EXPERTO

7. Un espacio cibernético en el cual se establece una serie de conexiones entre usuarios o entre usuarios y comerciantes:

_____

8. Un sinónimo de eficiencia; efectividad:

_____

9. Una palabra que significa "persona que usa la computadora o que tiene acceso a los servicios de una red de computadoras":

_____

Puntaje:

15 puntos: ¡Cuánto sabe!

12–14 puntos: Muy bien. Sabe mucho.

10–12 puntos: Sabe algunas cosas, pero no se esfuerza.

4–9 puntos: Necesita empezar a leer más.

1–3 puntos: Necesita tomar cursos, ¡pero urgentemente!

0 puntos: ¿Quién le está leyendo las preguntas?

Respuestas:

1. cámara digital 2. computadora portátil 3. correo electrónico 4. buscapersonas 5. teclado inalámbrico 6. toca DVD 7. red 8. eficacia 9. usuario

10-23 Manos a la obra. Ahora use algunas de las palabras que escribió en el ejercicio anterior para completar las siguientes oraciones.

1. El sistema de correo va a limitarse a trasladar paquetes; para comunicarnos y mandar cartas o mensajes usaremos el _____.

2. En el futuro todos sacaremos fotos con una _____ y dejaremos de usar aquellas con film.

3. En los *blogs* muchos _____ pueden intercambiar información u opiniones sobre temas específicos.

4. El _____ le permite a una persona escribir desde cualquier lugar de la casa u oficina.

5. El _____ era una innovación hace unos años, pero ahora se ven videos con aparatos pequeños donde se puede grabar películas y música también.

6. Cada generación va dependiendo más de la _____ cibernética para obtener información, productos e incluso servicios; ahora todo se hace electrónicamente.

7. La tecnología permite un alto nivel de _____ en el ambiente laboral y familiar. Todo es mucho más asequible (*accessible*).

8. Los médicos todavía llevan un _____ para saber que algún paciente necesita su atención urgentemente.

10-24 El uso de la computadora. Describa su uso de la computadora. ¿Diría usted que la computadora mejora o empeora su vida? ¿Por qué? En su opinión, ¿hay desventajas en nuestra dependencia de la computadora?

_____

_____

_____

_____

_____

10-25 El miedo a lo nuevo. Algunas personas temen las innovaciones y el futuro. Use la forma correcta de las palabras o expresiones a continuación para completar el párrafo.

Sustantivos	Verbos
aprendizaje	anticipar
desaparición	provocar
eficacia	unirse
manera	
tecnología	

La (1) _____ en que se hacen las cosas hoy en día es muy distinta a la del pasado.

La rapidez y la (2) _____ con las cuales se ha asentado (*to become established*) la

(3) _____ en varios campos (4) _____ temor en personas sin una

educación especializada. Algunos (5) _____ la (6) _____ de la

intervención humana en el campo laboral o, por lo menos, la reducción de esta por la mecanización de

algunos trabajos. Como consecuencia de este fenómeno, algunas personas han empezado a considerar el

(7) _____ de otras habilidades mientras otros esperan (8) _____ para

luchar contra el dominio de la máquina sobre el humano.

10-26 ¿Y usted? ¿Temería usted que algún día no fuéramos capaces de controlar la tecnología? ¿Qué problemas anticipa usted si el uso de la tecnología continúa aumentando aceleradamente? ¿Cree que el gobierno debería seguir facilitando las innovaciones tecnológicas? ¿Sería necesario que reguláramos los adelantos tecnológicos?

_____

_____

_____

_____

_____

10-27 La ética y el progreso. ¿Piensa usted que sería una buena idea prolongar la esperanza de vida? ¿Hasta qué punto le interesaría controlar su porvenir? ¿Existe un conflicto entre los desarrollos tecnológicos y sus ideas éticas o morales? ¿Qué cosas no se deberían alterar?

_____

_____

_____

_____

_____

_____

Lectura

10-28 Anticipe el contenido. Lea el título de la lectura que sigue e indique el tipo de información que espera encontrar. Más de una respuesta puede ser correcta.

❑ el horóscopo

❑ posibles eventos catastróficos en el futuro

❑ medidas para detener la contaminación ambiental

❑ problemas que vamos a enfrentar si no modificamos algunos comportamientos

10-29 Examine el texto. Lea la primera oración del primer y último párrafos y seleccione las frases que mejor completen las oraciones.

1. Los interesados en saber qué va a pasar en el futuro son…
   a. los artistas.
   b. los músicos.
   c. los individuos comunes y corrientes.

2. De las cosas que se habían pronosticado, ¿cuántas se han realizado?
   a. Algunas
   b. Ninguna
   c. Todas

10-30 ¿Cierto o falso? Lea el artículo y, luego, determine si las afirmaciones a continuación son **Ciertas** o **Falsas**, según la información que usted leyó.

Nuestro mundo en el futuro

A futurólogos, a científicos y a gente común y corriente les interesa por diversas razones el porvenir del planeta. Varias personas se han dedicado a estudiar las tendencias del presente y sus proyecciones en la vida del futuro. Lo que sigue es una lista de los posibles desarrollos científicos y sociales que algunos predicen para el futuro:

1. El número de los alimentos genéticamente modificados superará el número de alimentos de cultivo natural con tal que no se levanten (*lift*) las restricciones agrícolas.

2. Casi dos tercios (*thirds*) de la población mundial sufrirá faltas de agua a menos que se empiece a prestar atención a este problema.

3. Los sistemas de seguridad aumentarán y podrán identificar, en caso de que sea necesario, a los individuos por su manera de caminar.

4. Más países harán la votación obligatoria para que el número de personas que votan voluntariamente no siga bajando.

5. Los temblores y terremotos serán más devastadores sin que los podamos evitar.

6. La ingeniería genética desacelerará (*slow down*) el proceso de envejecimiento con tal que el interés en la estética y la longevidad siga siendo fuerte.

7. Los osos polares dejarán de existir a no ser que (a menos que) el efecto de invernadero pare (*stops*).

8. La proporción de personas que optan por no tener hijos aumentará mientras esta tendencia siga siendo popular.

Muchos ya habían predicho la llegada de desarrollos como Internet, la realidad virtual y el fin de la Guerra Fría. Lo que pase en el futuro no está fuera de nuestro control. Nosotros podemos influir la dirección que sigue el mundo. ¿Queremos vivir en un lugar donde reinan (*reign*) la paz, la justicia social y la equidad, o preferimos un lugar donde dominan las diferencias entre las personas, el desperdicio de los recursos naturales, la corrupción y el terror? Estas son preguntas que necesitamos hacernos cada uno de nosotros y luego tomar las medidas necesarias para lograr el mundo que queremos.

1. Hay mucho interés en el futuro.		Cierto	Falso
2. El agua será un recurso muy valorado.		Cierto	Falso
3. Es posible que las catástrofes climáticas empeoren.		Cierto	Falso
4. La ciencia hará muchos avances.		Cierto	Falso
5. Es probable que el interés en la longevidad detenga el deterioro del cuerpo.		Cierto	Falso
6. El índice de natalidad (*birth rate*) seguirá subiendo.		Cierto	Falso
7. Es imposible controlar el futuro.		Cierto	Falso
8. Cada individuo puede contribuir en la dirección que toma el planeta.		Cierto	Falso

10-31 Las correcciones. Ahora corrija las oraciones falsas del previo ejercicio con la información correcta.

_____

_____

10-32 Las causas. ¿Qué circunstancias influyen en el desarrollo o la desaceleración de los posibles eventos que se enumeran en el ejercicio **10-30**? ¿Sería posible prevenir los problemas futuros? ¿De qué manera?

_____

_____

_____

_____

_____

_____

_____

10-33 El futuro del libro. En su clase de sociología, el profesor les pide a ustedes que reflexionen sobre el futuro, teniendo en consideración la popularidad de las computadoras e Internet. Primero, lea las siguientes afirmaciones. Luego, escoja las opiniones que sean más lógicas.

❑ Los libros en papel jamás dejarán de existir aunque haya pocos árboles.

❑ El formato electrónico del libro se impondrá gracias a los adelantos tecnológicos que se harán con las computadoras y los lectores electrónicos.

❑ Es más interesante leer un libro porque uno puede usar la imaginación. Las imágenes y los sonidos nunca son mejores que lo que podemos imaginar.

❑ Habrá libros de papel con tal que haya gente que esté dispuesta a pagar su costo.

10-34 En su opinión. Explique su opinión y las razones por las cuales los libros electrónicos tienen la posibilidad de ser aún más populares de lo que son.

_____

_____

_____

Aclaración y expansión

10-35 Las soluciones para situaciones adversas. A usted le preocupa que su amiga Elena trabaje frente a la computadora tantas horas del día. Complete las siguientes ideas con la forma correcta del condicional para darle consejos a Elena.

1. Si estuviera en tu lugar, yo me _____ (tomar) unos días libres.

2. Si la supervisora no me permitiera tomar unos días libres, _____ (inventarse) una excusa.

3. Hasta que no me dejara de doler el cuello, yo no _____ (usar) la computadora.

4. Si a mí me doliera tanto como a ti, yo no _____ (mover) el cuello y _____ (consultar) a un kinesiólogo.

5. Si el médico me recetara algo, _____ (irse) a la farmacia a buscar los analgésicos (*pain killers*) inmediatamente.

6. Si me sintiera mal, no _____ (volver) a la oficina hasta estar mejor.

7. Si el dolor persistiera, _____ (hacer) una cita con un terapeuta.

8. Hasta que todo el dolor se fuera, yo _____ (quedarse) en casa.

9. Si pudiera estar en casa, _____ (hacer) lo que pudiera, pero sin exagerar.

10. Si alguien viniera a ayudarme, _____ (sentirse) más animado/a.

10-36 Otras sugerencias. ¿Tiene usted alguna sugerencia adicional para Elena? ¿Qué otras cosas haría usted si estuviera en la situación de Elena? ¿Qué debería hacer Elena para no ausentarse del trabajo por mucho tiempo?

_____

_____

_____

_____

10-37 Las oportunidades. Cuando las oportunidades se presentan, hay que aprovecharlas. Complete las oraciones con la forma correcta de los verbos entre paréntesis.

1. Si el valor del peso _____ (subir), los turistas irían menos a México.

2. Si los precios de aquel restaurante _____ (ser) más bajos, comeríamos allí con más frecuencia.

3. María Elena se compraría el vestido de Ralph Lauren si _____ (estar) de oferta.

4. Iríamos a la playa si no _____ (llover).

5. Asistiría a la fiesta sólo si tú me _____ (invitar).

6. Pediría un aumento de sueldo aún si el jefe _____ (irse) de vacaciones, porque Pedro lo sustituiría y él es muy generoso.

10-38 Las metas. Para alcanzar nuestras metas, a veces es necesario hacer otras cosas. Seleccione la opción más adecuada.

1. Viviría en una mansión si (ganaría / gane / ganara) la lotería.

2. Compraría un nuevo coche si el mío no (funcionaría / funcionara / funcione).

3. Viajaríamos al extranjero si (tuviéramos / tendríamos / tengamos) el tiempo y el dinero.

4. Me casaría si (encontrara / encontraría / encuentre) la persona ideal.

5. Me mudaría a Nueva York si (obtenga / obtendría / obtuviera) el trabajo que busco.

6. Tendría pocos hijos si (quiera / quisiera / querría) educarlos y mantenerlos bien.

10-39 Sus logros. Describa qué haría si pudiera con respecto a los siguientes temas.

- sus estudios
- su salud
- sus malos hábitos
- su bienestar económico o emocional
- su intereses ecológicos

¿Cuándo y cómo alcanzaría sus metas? ¿Qué obstáculos enfrentaría?

_____

_____

_____

_____

_____

_____

_____

Algo más

10-40 Los consejos. Alcanzar metas no es fácil, especialmente cuando hay que trabajar con otras personas para llevarlas a cabo. Usted es un/a líder del club ecológico del campus y tiene algunas sugerencias para su grupo. Escríbalas usando la forma correcta de los verbos, según el modelo.

Modelo: No hablar todos al mismo tiempo
No hablemos todos al mismo tiempo.

1. Tener paciencia _____.

2. No ponerse nerviosos _____.

3. Actuar con calma _____.

4. Seguir las instrucciones _____.

5. Esperar su turno _____.

6. Dejar de discutir entre nosotros _____.

7. Hacer un plan de acción _____.

8. No prestar atención a otras personas _____.

10-41 Edite su texto. Examine sus respuestas del ejercicio anterior y escriba nuevamente sólo las cuatro oraciones que necesitan los pronombres de objeto directo.

_____

_____

_____

_____

A escribir

10-42 Para convencer. Escoja uno de los siguientes temas y desarróllelo según las indicaciones.

1. **Un futuro mecanizado.** ¿Cree usted que la automatización forma parte del porvenir de nuestro planeta? ¿Por qué sería difícil automatizar algunos campos? ¿Estaría usted a favor de la automatización? ¿Por qué?

2. **El tecnoestrés.** Usted escribe un artículo para el periódico de su universidad donde explica qué es el tecnoestrés y qué lo causa. ¿Qué sugerencias les daría usted a los estudiantes que quieren evitar este mal? Si su universidad le pidiera a usted sus consejos, ¿qué le aconsejaría? ¿Qué medidas serían recomendables?

3. La tecnología. Escriba un ensayo donde argumenta a favor o en contra de la tecnología. Use los efectos positivos o negativos que siguen para guiar su argumentación. Incluya la manera en que los beneficios o desventajas afectan a nuestra sociedad.

Efectos positivos:

- la telecomunicación
- la medicina
- la transportación
- Internet
- ¿?

Efectos negativos:

- la destrucción de los recursos naturales
- la falta de contacto humano
- el estrés físico y mental
- los virus que atacan las redes de computadoras
- ¿?

_____

_____

_____

_____

_____

_____

A explorar

10-43 Investigación. Investigue los siguientes temas en Internet.

1. **Los efectos del uso de computadoras en los niños preescolares.** Busque información en Internet sobre los efectos del uso de la computadora en los niños menores de seis años. Haga una lista de los efectos negativos y de los efectos positivos.

2. **La necesidad del contacto humano.** Busque información en Internet sobre los efectos negativos de la tecnificación de muchos aspectos de la vida diaria. ¿Qué efecto tiene en la socialización? ¿Es siempre bueno hacer las cosas más rápido? ¿Por qué?

1

¿Quiénes somos y de dónde venimos?

PARA ESCUCHAR

1-1 La gente del Nuevo Mundo. Un antropólogo describe a los aztecas, los mayas y los incas. Marque con una X las características de cada grupo, según lo que dice el antropólogo.

Grupos	Tienen lenguaje escrito	Tienen sistema de clases sociales	Son religiosos	Tienen una economía ideal
aztecas				
mayas				
incas				

1-2 Sesión de las Naciones Unidas. Primera fase. Después de no verse por mucho tiempo, dos amigos que trabajan como delegados en la Naciones Unidas conversan en una reunión informal. Escuche la conversación y escoja el tipo de información que usted escucha.

❑ tipo de coche que tienen

❑ título del libro que cada uno de ellos está leyendo

❑ profesiones de sus hijos

❑ nuevo número de teléfono

❑ salud de la familia de cada uno

❑ nacionalidad de la familia de cada uno

Segunda fase. Ahora escuche la conversación y complete la tabla a continuación según la información del diálogo.

Persona	Carrera	Nacionalidad	Lugar donde se encuentran este momento
Jordi			
Vicente			
Ana			
Víctor			
La Sra. Fábregat			
La Sra. Altamirano			

1-3 La visita de un profesor. Usted va a escuchar una parte de la presentación de un lingüista sobre la historia del español. Primero, lea las siguientes afirmaciones, luego, escuche la presentación y determine si las siguientes afirmaciones son ciertas (**C**) o falsas (**F**).

_____ **1.** Los viajes de Colón, la conquista y la colonización son todos fenómenos que explican las diferentes normas del español en el Nuevo Mundo.

_____ **2.** Las islas del Caribe son el punto de partida de la conquista y colonización del resto del continente americano.

_____ **3.** Los españoles transplantan su manera de hablar a zonas geográficas muy diferentes a las de sus regiones de origen.

_____ **4.** La forma de hablar en zonas muy distantes a las grandes ciudades es semejante al modo de hablar en estas grandes ciudades.

_____ **5.** Por falta de evidencia, no es buena idea explicar las diferencias del español americano por el lugar de origen de los colonos.

2
Nuestra lengua

PARA ESCUCHAR

2-1 Hispanos famosos. Hoy en día hay muchos hispanos célebres. Primero lea la lista de personas famosas, luego, escuche las descripciones de cada uno y complete la tabla con la nacionalidad y profesión de cada persona célebre.

Nombre	Nacionalidad	Profesión/Actividad
Frida Kahlo	es de	es
Fernando Botero	es de	es
Isabel Allende	es de	es
Celia Cruz	es de	es
Santiago Ramón y Cajal	es de	es
Rigoberta Menchú	es de	es

2-2 Un viaje al extranjero. Escuche lo que opinan unos estudiantes que acaban de volver de un país hispano. Indique el tipo de información que dan sobre las personas con quienes vivieron y que conocieron en su viaje. Use la tabla y marque con una X el tipo de información que escucha.

Tipo de información	características físicas	lugar	origen	salud	profesión emoción
Stacy					
Joshua					
David					
Amanda					

3

Las leyendas y las tradiciones

PARA ESCUCHAR

3-1 Una novia enfadada. Al volver de Otavalo, Miguel se encuentra con su novia. Ella está enfadada. Escuche el diálogo entre Miguel y su novia y complete los siguientes ejercicios.

Primera fase. Indique si Miguel (MG), Miriam (MR) o unos amigos (UA) hicieron las siguientes cosas.

1. _____ Recomendaron Otavalo como un buen lugar para ir de compras.

2. _____ Se enfadó.

3. _____ Esperó más de una hora.

4. _____ Se olvidó de la cita.

5. _____ Tenía que hacer una llamada telefónica.

6. _____ Se disculpó.

Segunda fase. Ahora ponga las siguientes oraciones en orden cronológico.

_____ Miguel no llegó al café y Miriam se enfadó.

_____ Unos amigos le recomendaron a Miguel que fuera a Otavalo.

_____ Miguel le pidió disculpas a Miriam.

_____ Miriam no creyó a Miguel y rompió con él.

_____ Miriam y Miguel decidieron encontrarse en un café para ir al cine.

_____ Miguel no recordó la cita que hizo con Miriam y se fue al mercado indígena.

3-2 Una estudiante curiosa. Usted va a escuchar a una estudiante hablar con su profesor sobre la historia del muralismo. Escuche la conversación y haga los ejercicios a continuación.

Primera fase. Escuche el diálogo e indique cuándo produjeron las siguientes personas sus murales o frescos según lo que dice el profesor.

1. _____ los habitantes de cuevas

2. _____ los muralistas mexicanos

3. _____ los grandes muralistas italianos

4. _____ los cubistas franceses

5. _____ los habitantes de Pompeya y Ostia

6. _____ los artistas estadounidenses

a) en el siglo veinte

b) durante el renacimiento

c) durante el imperio romano

d) después de la revolución

e) durante la época prehistórica

f) durante la depresión

Segunda fase. Después de escuchar nuevamente el diálogo, determine si las siguientes afirmaciones son ciertas (**C**) o falsas (**F**).

_____ **1.** El muralismo es un arte nuevo con pocos antecedentes históricos.

_____ **2.** El muralismo mexicano quiso intelectualizar el arte.

_____ **3.** El muralismo es un movimiento que retrataba la realidad.

_____ **4.** Dos elementos que caracterizan al muralismo son los políticos y sociales.

_____ **5.** El muralismo se reconoció mundialmente durante los años sesenta.

4

La cultura y el arte

PARA ESCUCHAR

4-1 Sevilla. La Cámara de Comercio de Andalucía quiere promover el turismo en la ciudad de Sevilla. Primero, lea las siguientes ideas incompletas. Luego, escuche el anuncio y use los verbos de la caja con la construcción **se + verbo** para completarlas. No repita los verbos.

participar	disfrutar
beber	fundar
ver	preparar
encontrar	comer
celebrar	poder

1. Según una leyenda, Sevilla _____ cerca del río Guadalquivir.

2. Con frecuencia _____ corridas de toros y _____ de las hermosas voces de los "cantaores" de flamenco.

3. En esta ciudad _____ buena comida y _____ buenos vinos.

4. Muchos turistas piensan que en Andalucía _____ las mejores tapas de España.

5. En Sevilla _____ participar en las procesiones religiosas.

6. Aquí también _____ dos fiestas muy importantes y mundialmente populares: la Semana Santa y la Feria de Abril.

4-2 Un poema de Pablo Neruda. Primero, lea las preguntas. Luego, escuche el fragmento del poema "Cuando Chile" de Pablo Neruda y conteste las preguntas que siguen.

1. ¿Con qué se compara el poeta?

2. ¿Por qué cree usted que hace esa comparación?

_____

_____

_____

_____

Fecha: _____ Nombre: _____

5

Los deportes y las actividades de ocio

PARA ESCUCHAR

5-1 Consejos sabios. La Oficina de Alojamiento Estudiantil de su universidad creó un anuncio que ofrece consejos para que los compañeros de cuarto se lleven bien. Primero, lea las siguientes afirmaciones. Luego, escuche el anuncio e indique si las afirmaciones son ciertas (**C**) o falsas (**F**).

1. _____ No es posible tener una relación perfecta con su compañero/a de cuarto.

2. _____ Los estudiantes que viven en apartamentos necesitan responsabilizarse de más cosas que los estudiantes que viven en las residencias estudiantiles.

3. _____ Para saber algo sobre los hábitos de su compañero/a es buena idea hablar con sus profesores.

4. _____ Los compañeros de cuarto deben decidir cómo van a compartir las cuentas.

5. _____ Cuando hay problemas hay que irse inmediatamente y buscar un nuevo compañero/a.

6. _____ La comunicación entre compañeros va a ayudar a solucionar los problemas.

5-2 Dos críticas arrasadoras (*cutting*). Un noticiero mexicano dedica parte de su programa a los acontecimientos culturales de la ciudad, donde dos críticos comentan las películas y las obras de teatro. Primero, lea las siguientes oraciones. Luego, escuche los comentarios de los críticos y complete las oraciones con las palabras necesarias de la lista.

> clichés
>
> actuación
>
> encanto
>
> príncipe

1. Antonio y José sienten que la película no haya captado el _____ de la *Cenicienta*.

2. Ambos críticos lamentan que el director haya presentado a Javier como el _____ que va a salvar a Ana.

3. A los críticos no les gusta que el director haya dependido tanto de los _____.

4. Antonio y José se alegran de que, por lo menos, la _____ de la protagonista haya sido buena.

6

La comida

PARA ESCUCHAR

6-1 La inversión española en Latinoamérica. Usted es un estudiante de Ciencias Políticas y hoy su profesora, la doctora Quintero, habla brevemente de las inversiones (investments) españolas en América Latina antes de dar a la clase tiempo para hacer investigación. Lea rápidamente las afirmaciones que siguen. Escuche lo que dice la profesora. Finalmente, indique si las siguientes afirmaciones son ciertas (**C**) o falsas (**F**).

1. _____ En Latinoamérica se sostenía una opinión que calificaba a España como una nación menos desarrollada que otros países europeos.

2. _____ España es actualmente el mayor inversor (*investor*) en los países latinoamericanos.

3. _____ Uno de los factores principales que facilitó este extraordinario crecimiento fue la eliminación de barreras de entrada al mercado americano.

4. _____ América Latina era un mercado natural para los inversores españoles porque compartían una misma lengua y cultura.

5. _____ La liberalización y privatización de servicios públicos en Latinoamérica dificultó la inversión española.

6. _____ La inversión española fue muy fuerte en los países andinos.

6-2 Consejos para Enrique. *Primera fase.* Juan, el compañero de cuarto de Enrique, da consejos a su triste amigo. Primero, lea los fragmentos de las siguientes oraciones. Luego escuche el diálogo y escriba la porción que falta. Las líneas entre paréntesis al final de las oraciones corresponden a la segunda fase de la actividad.

1. _____ que no estén juntos. _____

2. _____ esta separación sea buena para los dos. _____

3. _____ de que te concentres en los estudios. _____

4. _____ que hagas cosas con tus amigos o estudies. _____

5. _____ que pases tiempo con nosotros. _____

6. _____ que Araceli te vuelva loco. _____

Segunda fase. Finalmente indique si las oraciones indican: *Wish, Emotion, Advice, Desire, Impersonal expressions* en el espacio previsto después de cada oración.

7

Las relaciones humanas

PARA ESCUCHAR

7-1 La controversia del velo femenino. La ley francesa que prohibió el uso de símbolos religiosos en las escuelas estatales ha causado mucha controversia en toda Europa. Primero, lea las siguientes afirmaciones. Luego, escuche la entrevista donde dos estudiantes españolas ofrecen sus reacciones a esta ley e indique si las siguientes afirmaciones son ciertas (**C**) o falsas (**F**).

1. _____ Francia ha propuesto una ley que no tolera el uso de emblemas religiosos en los colegios.

2. _____ Los europeos han reaccionado de forma positiva a esta propuesta.

3. _____ Hace mucho tiempo que Clara no usa su crucifijo.

4. _____ Varias escuelas estatales ya han obligado a sus estudiantes a usar uniformes.

5. _____ Miembros de grupos religiosos se han sentido discriminados.

6. _____ Mujeres de varias religiones tienen derechos similares a los hombres.

7-2 España y América Latina. Lea rápidamente las afirmaciones que siguen. Escuche parte de la discusión que tiene lugar en una clase de ciencias políticas donde se habla de la historia política de España y Chile. Finalmente, indique si las afirmaciones son ciertas (**C**) o falsas (**F**) según la información que escuchó.

1. _____ Para Esteban es obvio que no hay ninguna diferencia entre Chile y España.

2. _____ Es difícil que una nación implemente la democracia sin tener una tradición democrática.

3. _____ Es probable que la transición de dictadura a democracia en España haya tenido éxito por la moderación de las reformas.

4. _____ Es dudoso que la democracia española sea un ejemplo para otros países.

8

Cambios sociales y políticos

PARA ESCUCHAR

8-1 La democratización mundial. Primera fase. Primero, lea las oraciones a continuación. Luego, escuche la información que su compañero de ciencias políticas obtuvo para su presentación. Finalmente, complete las oraciones con la opción más apropiada, según lo que escuchó.

1. Durante los años _____ comienzan a desintegrarse las dictaduras de tres países europeos.

    a) 60   **b)** 70   **c)** 80   **d)** 90

2. El movimiento hacia la democracia también influye en los sistemas políticos de países latinoamericanos que viven bajo _____.

    a) regímenes militares   **b)** dictaduras   **c)** democracias   **d)** anarquías

3. El interés en un sistema democrático facilita el colapso de _____ en la Unión Soviética.

    a) la libertad   **b)** la independencia   **c)** el comunismo   **d)** la democracia

4. España es ahora un símbolo de lo que otras naciones con democracias jóvenes pueden _____.

    a) alcanzar   **b)** evitar   **c)** terminar   **d)** contar

Segunda fase. Escuche nuevamente lo que Julio dice y seleccione las **tres** áreas en que España ha alcanzado éxito y que otras naciones quieren emular.

- ❏ ambiental
- ❏ económica
- ❏ educativa
- ❏ laboral
- ❏ política
- ❏ social

8-2 Un informe sobre Roberto Ampuero. Una de sus compañeras de clase va a dar una breve introducción sobre el autor chileno Roberto Ampuero, el autor de *Los amantes de Estocolomo*, la próxima novela que su clase va a leer. Primero, lea las siguientes afirmaciones. Luego, escuche la introducción de su compañera e indique si las afirmaciones son ciertas (**C**) o falsas (**F**).

1. _____ Al principio Ampuero dudaba que los modelos distintos al comunismo dieran buenos resultados.

2. _____ Ampuero buscaba circunstancias que permitieran que su país prosperara.

3. _____ Ya en Cuba, Ampuero dudaba que el comunismo fuera un buen modelo político para su país.

4. _____ A Ampuero le entristeció que el régimen de Castro le negara la entrada a Cuba.

5. _____ El autor lamentaba que sus amigos pudieran salir de la isla.

6. _____ El protagonista de *Los amantes de Estocolmo* dudaba que su esposa fuera adúltera.

9

Nuestro entorno físico

PARA ESCUCHAR

9-1 El genio de Antoni Gaudí. Uno de sus compañeros de clase da una presentación sobre Gaudí. Primero, lea las afirmaciones. Luego, escuche la presentación e indique si las afirmaciones son ciertas (**C**) o falsas (**F**).

1. _____ Antes de que se empezara a conocerse por lo edificios de Gaudí, Barcelona ya había sido famosa.

2. _____ La clase media había apoyado la expansión urbana de Barcelona.

3. _____ El estilo de Gaudí era fácil de confundir con el de otros arquitectos.

4. _____ Las familias Güell y Gaudí habían trabajado juntos para diseñar varios edificios.

5. _____ Los Güell habían ayudado a Gaudí.

6. _____ En la Casa Batlló Gaudí había usado muchas líneas rectas.

7. _____ Gaudí había considerado La Sagrada Familia como su obra más importante.

8. _____ Cuando Gaudí murió, ya había terminado La Sagrada Familia.

9-2 La Agencia Federal de Aviación (*FAA*). Escuche el anuncio que la *FAA* lanzó hace unos días con el propósito de hacer que los ciudadanos sepan más sobre esta agencia y se sientan más seguros. Escuche el anuncio y complete las oraciones con la alternativa más apropiada.

1. Los sucesos de 2001 habían _____ la cantidad de vuelos que hacían las líneas aéreas.

   a) establecido   **b)** incrementado   **c)** desarrollado   **d)** disminuído

2. La FAA se dio cuenta que había _____ un Sistema de Espacio Aéreo Nacional más moderno.

   a) que desarrollar   **b)** que salvar   **c)** que solucionar   **d)** que convencer

3. La modernización del Sistema de Espacio Aéreo Nacional permitiría _____ los problemas que se presenten cuando haya más tráfico aéreo.

   a) salvar   **b)** disminuir   **c)** crear   **d)** convencer

4. Parasatisfacer las nuevas demandas de la industria, la FAA piensa _____ cooperación y planificación.

   a) solucionar   **b)** crear   **c)** disminuir   **d)** convencer

9-3 Predicciones para el futuro. Un miembro de una organización futurista visita su clase y discute algunos de los posibles cambios que su organización pronostica. Primero, lea las siguientes afirmaciones. Luego, escuche los pronósticos del señor Galván e indique si las afirmaciones son ciertas (**C**) o falsas (**F**), según lo que escuchó.

1. _____ Con tal que el calentamiento global siga al paso que va, las zonas urbanas y rurales verán cambios drásticos de temperatura.

2. _____ Debemos hacer algo para detener (*stop*) el aumento de la temperatura alrededor del mundo antes de que cause más problemas de salud.

3. _____ Para que no mueran muchas personas a causa del calor, como ocurrió ya en Europa, necesitamos hacer algo.

4. _____ Los médicos empezarán a usar la realidad virtual para que las víctimas de paros cardíacos o infartos recuperen el movimiento de sus extremidades.

5. _____ Un beneficio de la realidad virtual es que elimina la necesidad de mover las extremidades.

6. _____ Será posible ir de un lugar a otro sin que usemos las carreteras.

10
Nuestro futuro

PARA ESCUCHAR

10-1 El futuro de la lectura en papel. Durante una clase de sociología el profesor pregunta a sus alumnos cómo vamos a leer en el futuro en vista de la popularidad las computadoras y el Internet. Primero, lea las siguientes afirmaciones. Luego, escoja las opiniones que expresan los estudiantes.

❑ Los libros en papel dejarán de existir en cuanto haya pocos árboles.

❑ El formato electrónico del libro se impondrá gracias a los adelantos tecnológicos que se harán con las computadoras y los lectores electrónicos.

❑ Es más interesante leer un libro electrónico porque se puede acceder a sitios cibernéticos con imágenes y sonidos.

❑ Habrá libros con tal que haya gente a quien le guste tener un contacto físico con la página escrita.

10-2 Si pudieran cambiar sus vidas. Tres viejos amigos suelen juntarse en el parque para conversar. Hoy hablan de las cosas que harían si las situaciones/condiciones fueran diferentes. Primero, lea las siguientes afirmaciones. Luego, indique las afirmaciones que mencionan los amigos.

❑ Si Pepe tuviera mejor educación, no tendría problemas económicos.

❑ Si Pepe fuera más puntual, llegaría siempre a tiempo.

❑ Si Martín pudiera mejorar su salud, lo haría.

❑ Si Martín tuviera dinero, podría seguir el tratamiento que necesita.

❑ Si Luis se pusiera en contacto con la mujer a quien admira, se casaría.

❑ Si Luis fuera joven otra vez, se casaría.

10-3 ¡Qué frustración! Frustrado por los ensayos que entregaron sus estudiantes, el profesor habla con ellos y les dice lo que él esperaba que ellos hubieran hecho. Primero, lea las siguientes afirmaciones. Luego, escuche lo que dice el profesor e indique si las afirmaciones son ciertas (**C**) o falsas (**F**).

1. _____ Los estudiantes habrían sacado mejores notas si el profesor hubiera respetado su creatividad.

2. _____ Al profesor le habría gustado que los estudiantes hubieran organizado mejor sus argumentos.

3. _____ El profesor habría preferido que sus alumnos hubieran hecho mejores conexiones entre argumentos.

4. _____ Si los estudiantes hubieran usado un bosquejo, habrían evitado los problemas de vocabulario.

5. _____ Todos los estudiantes habrían ilustrado mejor sus argumentos si hubieran usado ejemplos.

6. _____ Si el profesor hubiera explicado los beneficios de usar un bosquejo los estudiantes no habrían tenido que escribir el ensayo por segunda vez.

Notas

Notas